U0940394

乡村振兴战略财政政策研究

——以西藏为例

Xiangcun Zhenxing Zhanlüe Caizheng Zhengce Yanjiu

——yi Xizang Weili

赵 莹 刘 强 著

西南财经大学出版社
Southwestern University of Finance & Economics Press
中国·成都

图书在版编目(CIP)数据

乡村振兴战略财政政策研究:以西藏为例/赵莹,刘强著.—成都:西南财经大学出版社,2020.8
ISBN 978-7-5504-4185-9

Ⅰ.①乡… Ⅱ.①赵…②刘… Ⅲ.①农村财政—财政政策—研究—西藏
Ⅳ.①F812.775

中国版本图书馆 CIP 数据核字(2019)第 244300 号

乡村振兴战略财政政策研究——以西藏为例
赵莹 刘强 著

责任编辑:王琳
封面设计:张姗姗
责任印制:朱曼丽

出版发行	西南财经大学出版社(四川省成都市光华村街 55 号)
网　　址	http://www.bookcj.com
电子邮件	bookcj@foxmail.com
邮政编码	610074
电　　话	028-87353785
照　　排	四川胜翔数码印务设计有限公司
印　　刷	四川新财印务有限公司
成品尺寸	170mm×240mm
印　　张	6.5
字　　数	117 千字
版　　次	2020 年 8 月第 1 版
印　　次	2020 年 8 月第 1 次印刷
书　　号	ISBN 978-7-5504-4185-9
定　　价	49.80 元

目　录

1 导论

1.1 研究的背景、目的和意义

1.1.1 研究的背景

西藏自治区独特的地理环境和生态资源状况决定了乡村经济在其整个经济发展中的基础地位与战略支撑作用。西藏自治区和平解放60多年以来，乡村经济状况及生产力发生了较大的变化，获得了不小的成就，但是这种经济社会的对外交流及快速发展带来很多新的问题，如生态资源过度使用、生产效率低下、发展后劲不足及与城市经济发展差距日益扩大等，继而影响西藏整个经济的和谐稳定与可持续发展。在如今实现跨越式发展与全面建成小康社会目标的关键时期，如何更好地面对新时期和新任务带来的诸多挑战，以及在新的形势下，面向社会经济发展的总体目标，根据其具体战略任务要求，如何从根本上，长远地解决西藏自治区乡村可持续发展问题，这就需要我们结合国家民族政策和整体生态功能区划分，因地制宜、科学合理地设计推动西藏“乡村振兴”发展的财政政策，并积极探讨将“输血型”财政模式转化为“输血型+造血型”经济职能，这样的转化对深入研究和彻底解决当前西藏的“三农”问题具有十分重要的理论价值和实际意义。本书的研究背景主要体现在以下五个方面。

（1）现实背景：脆弱的生态环境。西藏自治区总面积达122.84万平方千米，海拔较高，平均海拔达4 000米，具备独特的地貌及自然风光，气候复杂多样，自东南向西北从温暖湿润向寒冷干旱演变。此外，西藏自治区的自然生态也丰富多样，包括森林和灌丛、草原和草甸及荒漠等。20世纪50年代以前，由于长期处于封建农奴制的统治下，西藏自治区生产力十分低下，只能被动接受当地的生态环境，且人们一味索取生态资源，无法客观认识当地生态环境条件，因此也不涉及自然环境与生态保护。西藏自治区这种独特的地理环境和气候条件，使得当地农牧业生产发展依赖的生态环境较为脆弱，而落后的社会生产方式也导致了其依赖的资源基础十分薄弱。现如今，西藏自治区生态资源的退化，尤其是风蚀和冻融的严重侵蚀已成为一个不可争辩的事实。阿里地区、加查山以西的雅鲁藏布江河谷区及那曲地区是比较突出的风蚀区，这几个地区具有以下特点：土质疏松、干旱少雨、地表植被稀少并且长期受到大风的侵蚀。地区内东南部念青唐古拉东段山脉与喜马拉雅东段山脉遍布海洋性冰川，是较为突出的冻融侵蚀区，这两个地区因降水多而土壤水分含量较高。西藏地区草场的退化情况较为严重。根据统计得知，当前西藏自治区退化的草场面积高达 11 万平方千米，占总草场面积的 13.93%，并且退化情况还在加剧，这是西藏自治区过度放牧所致，各地区超载达 30%~50%，有些地区超载高达 100%以上。西藏自治区的土地沙漠化情况日益严重。沙漠化地区主要分布在"一江两河"流域 18 个经济发展重点县（市、区）中，沙漠化或潜在沙漠化的地区面积甚至高达 4 000 平方千米。西藏自治区的已沙漠化土地及潜在沙漠化土地共占全区总土地面积 18.17%。当前重度沙漠化面积占比达到 1.53%，中度沙漠化面积占比高达 51.9%，轻度沙漠化面积占到 30.73%，潜在沙漠化面积土地占比 15.84%，这些数据从侧面表明了西藏自治区的沙漠化还在日益加剧。目前，西藏自治区被风沙危害的耕地面积已有 310 平方千米，占全部耕地面积的 13.8%，严重沙漠化的农田每年每公顷损失的有机质高达 1 644 千克，农作物的生长受到严重的影响。这种生态性的退化及恶性发展导致西藏自治区乡村经济健康发展难以持续。因此，我们需要科学设计推动西藏自治区乡村振兴发展的财政政策，以不断引导和帮助农牧民转变发展观念，改进农业生产方式和拓宽乡村经济发展潜力与空间，此外还要加强对生态环境及资源的合理利用及保护，促使人与自然和谐共存、持续发展。

（2）理论背景：西藏自治区乡村经济的基础产业是农牧业，在经济发展中起到重要的战略作用，我们需要提升农牧业发展潜力。西藏自治区农业牧业分布在雅鲁藏布江的沿岸与分支和金沙江、澜沧江、怒江等平原河谷沿岸，至 2017 年，全区粮食总产量达到 105.13 万吨，肉类总产量达到 30.03 万吨，农作物主要有青稞、冬小麦、春小麦、甜菜、豌豆、蚕豆、马铃薯、油菜等，畜产品主要有牦牛肉、藏猪、羊肉、牛奶等。当今，在面临西藏农牧业发展基础薄弱和生态资源脆弱的现实条件下，我们需要研究制定新型财政政策。第一，研究制定新型财政支农政策，使得支持西藏自治区农牧业发展的生态环境和乡村基础设施得到改善；第二，新型财政政策可以通过保证农牧业持续稳定发展及降低乡村经营风险等方法，保障西藏自治区社会经济的可持续发展；第三，新型财政政策可以通过提升西藏自治区乡村产业的发展活力，激发其发展潜力，从而促进农牧区经济发展的全面协调可持续，提升农牧业生产效益。

（3）战略背景：西藏自治区和谐稳定与可持续发展。西藏76%以上的人口是农牧民，而西藏自治区社会的和谐与稳定在很大程度上取决于占人口比例较大的农牧民实现收入的持续增长和生活的安居乐业。农牧业是西藏自治区农牧民收入的主要来源，西藏自治区的区情及现实资源情况的特殊性导致农牧民的收入增长长期依赖农牧业经济的持续稳步增长，且西藏自治区当地财政自我"造血"能力不足，加之持高不下的物价水平和生活成本高涨，农牧民收入和生活水平受到严重制约，这也从侧面反映出西藏自治区乡村经济结构的矛盾性。西藏自治区农牧民的生活水平与西藏自治区可持续发展、祖国边疆和谐稳定有直接关系。因此，为了让人口占比最高的农牧民先富起来，我们就需要在对西藏自治区乡村产业基础及资源状况进行认真充分研究分析后，设计出科学合理的，与西藏自治区乡村振兴战略发展相匹配的财政政策，充分激发农牧业发展潜力，以完成由"输血型"财政向"输血型+造血型"经济职能转化，最终实现和谐稳定与可持续发展。

1.1.2 研究的目的和意义

当前我国经济发展进入新常态，经济结构不断优化升级，农业、农村、农民也迈入了新的发展阶段，在取得丰硕成果和阶段性成就的同时存在不少短板：一是农业比较优势减弱，耕地面积持续减少，乡村环境污染等问题约束乡村发展；二是农业劳动力、生产资料投入等生产成本持续上升，成为约束乡村发展的重要因素；三是农牧民持续增收困难，小农经济应对市场信息变化和防范风险能力弱，制约乡村经济的全面发展。因此，实施乡村振兴战略，是决胜全面建成小康社会和推进农业现代化的重中之重。

（1）夯实乡村经济发展基础。这些年来，西藏自治区乡村经济的发展不仅扶持了行业的成长发展还支撑了城市的繁荣发展，乡村经济的可持续发展不仅是区域的发展更是影响整个国民经济健康运作的重要因素，那么这就不单单是一个经济问题，更是社会等方面的问题，关系到西藏自治区的和谐稳定与可持续发展。因此，研究推动西藏自治区乡村振兴战略发展的财政政策能够帮助建立乡村经济发展的长效机制，全面夯实乡村发展基石与拓宽乡村发展空间，高效保障西藏自治区经济的健康发展。

（2）推动乡村振兴战略发展。要保障西藏自治区乡村振兴，我们就必须推进乡村经济的可持续增长。从社会主义新农村建设角度来看，我们要推进三大文明的融合，即物质文明、生态文明与精神文明融合，并将这三大文明同民主政治建设结合在一起，进而提高社会生产力，完善民主政治建设，提升农牧民的生活条件，以及保障自然环境的长久可持续发展。上述目标的实现需要建立在科学合理的财政政策体系及牢固的物质基础上，农牧民收入的增长，农业的全面增收，农村现代化、城镇化和文明化进程的加快同样离不开科学合理的财政政策支持。

（3）实现全面建成小康社会目标。西藏自治区和平解放后，一步一步地实现了农产品由各方面短缺到总量平衡再到年有余粮的划时代转变。但是发展的背后是农业生态环境不断受到破坏，市场竞争也愈来愈激烈，西藏自治区的农牧业受到有史以来最大的资源挑战及市场竞争，新的发展问题浮出水面。例如，农业发展速度放缓，自然资源无法满足生产力的发展要求，这样被动的现状需要尽快改变，不然会严重影响西藏自治区农牧民的未来收益、生活水平及全面建成小康社会的目标。因此，我们必须将政治、文化、经济和社会等战略目标进行全面深入的融合，从而制定出能够真正匹配乡村振兴战略的财政政策，为全面建成小康社会提供保障。

（4）推进农村产业供给侧结构性改革。农业、农村和农民之间有一条相互联动的利益链。农业的可持续发展是农民持续增收和农村经济社会发展的最直接动力来源，要实现促进农业结构优化、拓宽农业发展空间、降低农业经营风险和增强农业发展潜力等目标，我们需要一个科学合理的财政支农政策，这既能推进农业科技化、现代化和信息化，也能为适应市场竞争和壮大区域经济提供重要保障。因此，加大研究、推动西藏自治区乡村振兴战略发展的财政政策，可以使农业供给侧结构性改革顺利实施，在未来的乡村经济发展中，对科学规划、项目引导、产业扶持和辐射方面起到带动作用。

1.2 财政政策问题研究综述

1.2.1 国外研究综述

从 1930 年开始，世界的各个地方就开始重视财政政策，普遍认为财政政策是乡村经济发展的重要手段，并且按照研究结果不断推进财政政策的完善与实施。美国政府在 20 世纪 30 年代初颁发了《农业调整法》，将农业收入设定为农业政策的重要对象。20 世纪 50 年代末，共同市场成立后，欧盟颁布的共同农业政策中包含了农业财政政策，详细规定了关于价格的政策，还对出口及农业生产者的特殊补贴进行了划定。此后，国外的专家为了促进经济的发展与社会的进步，对财政政策有了更加深入的研究，从财政支出的角度探讨财政支农政策的制定与完善。哈罗德和多马通过研究，提出了要加大对农业的扶持力度，增加资本投入才能促使农业经济得到有效增长，增强社会整体生产力并达到促进社会经济增长的目的。对于财政支农政策，不少学者选择用实证的方式进行效果探究，迪米特里·迪奥萨瓦斯（Dimitris Dieosavvas，2002）通过经济学模型对欧盟、美国与日本的财政数据进行了分析，计算了 OECD 和 WTO 农业支出，获得了财政支农政策的实施效果。奥尔加·梅柳基纳（Olga Melyukhina，2002）通过统计数据分析了俄罗斯等国家的财政支出对农业的影响水平，并对农业的财政支持政策进行了一定的分类，使其更加规范。

1.2.2 国内研究综述

20 世纪 70 年代末，我国对财政支农政策进行了改良，各个专家学者也对财政支农政策进行了深入研究与探讨，将研究的重点放在支农的方式、支农的范围及支农的效果等方面。由于我国特殊国情，在经济的发展过程中城市与乡村的发展速度并不一致，城乡经济的差距越来越大，这引起了我国各界的广泛关注，研究上升到一个新高度。李焕彰、钱忠好（2004）与唐昌朱（2004）均发现我国现有财政支农力度不够，影响了农业经济的持续发展，影响了农民的最终收入，提出了国家应当完善财政支农的相关政策，加大技术支持投入，完善农业基础设施建设并推进农村教育的建议。王建军、李腊云（2006）提出两点：一是有效加强乡村基础设施建设的办法是制定财政金融政策；二是涉农的财税金融政策对提高财税金融的作用微乎其微，并且这种政策很少。福建省金融学会课题组（2007）主要从金融、税收及财政部门三个方面展开研究，从资金的投入和使用开始分析，发现存在很多的不足，并且指出这三个方面对建设社会主义新农村有着很重要的作用，重点提出筹集资金方面要更多地使用来自金融市场的资金。连飞（2008）运用数学模型深入研究了财政对农业的支持与农民收益之间的关系，并且已经证明财政支出与农民的增收之间是正向关系，也反映出财政在农民支持方面的支出在总支出中所占的比重很小，因此发挥的效用就相对来说比较小。刘阳（2008）采用三项指标体系，这三项是有关农业科技的指标，分别是农业基本建设支出、农村救济费和支农支出，刘阳分析了这三项指标对农民人均增收的影响力度，最后发现它们的效用是减小的。李树培（2009）指出财政在农业总支出方面与农民收入的增加是正向的关系，可是其结构不合理，每个分类支出之间的效率相差较大，导致整体的效率是很低的。

1.2.3 研究评述

通过对国内外学者研究的回顾，本书发现关于乡村发展的研究主要集中在财政政策方面，政策的制定一般都紧跟社会的经济发展水平，普遍重视财政支农的力度、农业的科技水平及农业劳动力的变动等，在缓解城乡收入差距、改善乡村设施条件等方面具有积极作用，主要是从农业产业化、小城镇建设和加强基础设施建设等方面入手，分析政策效果并提出相关对策。党的十九大报告中提出的七大战略中的一项就是乡村振兴战略，提到农业、农村、农民的问题是根本性问题，关乎国计民生。我们需要根据产业兴旺、乡风文明、生态宜居、治理有效、生活富裕的总体要求，推进乡村的优先发展并实现农业的现代化发展。而西藏自治区独特的地理位置和区域环境注定了其“三农”问题天生的“弱质性”，为了提高西藏自治区乡村经济的创新力和竞争力，我们需要设计科学合理的财政支农政策，这是从根本上解决西藏自治区“三农”问题和实现乡村振兴战略的保证。

1.3 研究的内容和方法

1.3.1 研究内容

本书的研究内容主要有以下七个部分。

第一部分为导论，包括研究背景、研究目的、研究意义、财政政策问题研究综述、研究的内容和方法。

第二部分为相关概念及理论阐述，着重介绍了乡村振兴的内涵及特征，并阐述了一些关于财政支农的基础理论，如生态经济理论、乡村发展理论及公共财政理论。

第三部分为西藏自治区乡村发展现状及制约因素分析。该部分立足西藏当前农牧区基础条件、生产经营方式、农业经济发展现状及现行财政政策等，深入调查和分析影响西藏乡村发展的各种制约因素及困境等，从中找准推动乡村振兴战略发展的关键点，为进一步制定财政政策提供一些帮助。

第四部分为西藏自治区财政政策及效应分析。该部分以西藏自治区财政支农政策内容及变化为研究重点，选取有代表的市、县（区）进行实地调查，建立数据模型，分析西藏自治区财政支农与乡村发展之间的效应关系，并对现行财政支农政策进行评述，从中找出不足与存在问题。

第五部分为国内外先进财政支农政策及经验借鉴。该部分借鉴国外一些国家和地区及国内一些地区的先进财政支农经验，结合西藏自治区实际区情和乡村发展情况等进行比较与分析，为推动乡村振兴战略发展提供借鉴。

第六部分为推动西藏自治区乡村振兴财政政策设计。该部分根据农业供给侧结构性改革和乡村振兴战略综合目标，设计具体财政支农政策，主要包括夯实乡村发展基础、提升乡村发展潜力、改善乡村生态环境、降低乡村经营风险和提升乡村综合效益等，并试图提出有效的保障措施与管理建议。

第七部分为研究结论与展望。该部分总结研究结论，并介绍未来的研究重点和变化方向。

1.3.2 研究方法

本书以实地调查与数据收集为基础，结合数据分析与模型推导等方法，研究并分析推动西藏自治区乡村振兴战略发展的财政政策。

（1）本书将理论与实践结合起来，选取具有代表性的乡村作为调研样本，开展问卷调查，并结合座谈走访的方式获得所需数据及信息，通过数据整理并利用经济学的相关理论，分析西藏自治区乡村现有的发展状况及社会经济水平，据此找出影响西藏自治区乡村发展的约束条件。

（2）本书将规范研究与实证研究结合起来，建立数据模型，分析和测定推动西藏自治区乡村振兴战略发展的财政支农政策的可行性和效应性，并对其发展趋势进行科学预测。

1.3.3 技术路线图

本书的技术路线图如图 1-1 所示。

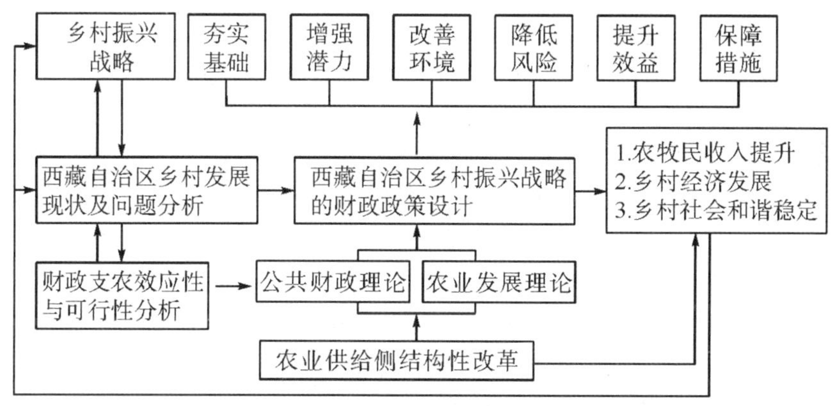

图 1-1 技术路线图

2 相关概念界定及理论阐述

2.1 相关概念界定

2.1.1 乡村振兴内涵

农村是具备原始、社会、经济特质的综合区域体，具有生活、生产、生态、文化等多重效能，与城市互生互存、共促共进，一同形成居民活动的重要空间。2017 年 10 月习近平总书记在党的十九大报告中提出乡村振兴战略，乡村振兴战略主要内容包括：坚持农业农村优先发展，按照产业兴旺、生态宜居、乡风文明、治理有效、生活富裕的总要求，建立健全城乡融合发展体制机制和政策体系，统筹推进农村经济建设、政治建设、文化建设、社会建设、生态文明建设和党的建设，加快推进乡村治理体系和治理能力现代化，加快推进农业农村现代化，走中国特色社会主义乡村振兴道路，让农业成为有奔头的产业，让农民成为有吸引力的职业，让农村成为安居乐业的美丽家园。

2.1.2 乡村振兴特征

一是振兴农村产业，就是通过建设当代农业产业作业、运营体制，完成乡村第一、二、三产业深层次混合开发，再次加深我国粮食食品安全保证程度，紧紧把控我国粮食食品安全主导权；以农业供给侧结构性改革为主要方向，敦促农业产业由产业增加向质量提升转变，提高国内农产业更新能力与竞争水平，为建立当代经济体制打下坚固根基，为农户扩收预留提升空间。

二是振兴农村人才，就是将一些乡村人才留下来，吸引一些外出人才返乡及一些社会优秀人才奉献基层，以汇聚人才推进与保证乡村振兴，提高农村内部自主开发水平。乡村振兴，基本路径有两个：以财政项目为抓手自上向下推动；以人力资源发展为主，加强农村自主开发水平。

三是振兴农村文化，就是要深层次挖掘农耕文明蕴含的优良操守观点、文明信念、优良道德，联合当代社会需求，在保护传承的基础上以农村公共性文明服务化体制为载体，培养优良乡村风尚、道德家风、淳挚民风；让中华优秀传统文化的精髓如诚信重礼、邻里守望、节约勤俭等在农村延续。

四是振兴农村生态，以绿色开发为前提，严格守好自然界的底线，推动农村绿色开发，加速乡村居住条件治理，推动农业转型升级，减少并高效运用农耕化学品投放，完成秸秆作物、禽畜污粪等生物资源运用及农耕地膜收回，充分发挥农业特有效用，以优良自然条件作为振兴农村的主要支持点，建造农户乐业安居的秀丽家乡。

五是振兴农村组织机构，就是增强乡村村镇党组织建设，组建好农村村镇党组织领头人体系，增强乡村村镇党组织对乡村振兴全范围的引领，完善村镇居民自治机制，开发农户经济合作组织体系，完善农村管理机制，改善农村治管体系，使农村具备自主解决能力与自我供应效能，保证农户乐业安居、乡村秩序稳固。

2.2 理论阐述

2.2.1 生态经济理论

生态经济理论指出，自然系统给予的生态成果、劳动力成果可以被看作某样资本或是某种基础的生产因素，且拥有生态效益，即此种自然成品、劳动力成果的自然收益成效就是自然资源资本。自然资本把经济与生态需求规律相联合，顺应了现代社会与经济持续性开发的现实要求，意味着社会经济持续性水平已经进入自动地顺应自然需求阶段，是持续发展经济和自然环境条件冲突协调的急切需求与共同协调的新阶段产物，最终促使经济自然一体化，形成自然产业，是基层化的战略产业。农村产业发展是生态性复生产与经济复生产互相联合的进程，是最基本的自然产业，任何农作物或生物与自然环境条件拥有严密联系，主要由自然条件约束，因此农村振兴事业作为生态再生产流程，被生态规则主宰，其作为经济复生产流程，又必定会受经济规则约束，只有把生态规则和经济规则联合使用，农村自然生态才能如常运作，才能有利于乡村振兴。

2.2.2 乡村发展理论

乡村发展需要以市场化为基准，以农民为基底，以龙头企业或经济合作性组织机构为主，以科技进步为支撑，以经济收益为主要重心，以系统化服务方式为手段，对农业产业布局区域化、经营集中化、生产专业化、管理企业化、服务社会化，以“工、贸、农”整体化运营与“销、加、产”为纽带，将农业产业运营中前、中、后多程序联合为全面的系统产业，包括六个方面：连续性运营、标准化生产、生产流程各程序的集中、高度组织工程化、尽量采用机器取代人力劳作和产出与机构整体的研讨与实验，并要求其形成规模化效应，同时相应的农业企业被建立并发展壮大起来，居于主体地位的特色农业企业又必然会带动相关服务业的发展或者促使农户组成协会进行维权和服务，最终完成乡村产业化发展（见图 2-1）。

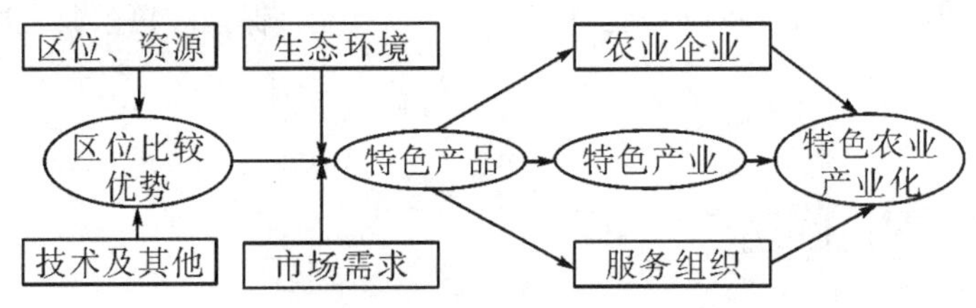

图 2-1 乡村产业化发展图

2.2.3 公共财政理论

因为市场外部呈现无用，我们必须指望区域外效力去弥补外部无用致使公共化资源不可供给现象。外界区域外效力是指政府部门提供公共化产品资源承担公众化产品要求。公共财政是与市场经济互相协调的财政管理性体系，旨在完善“市场失灵”。

公共财政提高了我国高效调控经济运营及监控水平，和市场化经济体系是互相约束、互相敦促、相互进步和一同推进的。当今，公共财政在建设和改善社会主义市场经济体系中发挥着极其重要的作用，能够实现公正分配、科学协调、合理配置和全面发展等目标。农村产业发展中有很多难题，这都需要公共财政发挥作用。

2.3 财政政策推动乡村振兴的经济学分析

2.3.1 财政支出政策推动乡村振兴的经济学分析

支出型财政政策是政府部门针对外部环境协控的重要衡量手段和方法。财政扶农措施旨在增强农村开发效用，主要表现在三大方面：一是增强直接需要。比如，加深并增强财政支出范畴，运用乘数支付效力，联动规模拓展开发。二是增强公共型财政服务效能。例如，针对原定部分服务供给资源同时实时监控，集中运用于公共服务性社会领域。三是促进经济社会发展。财政支付短时间内能够高效处理资源调配的情况，满足了提高经济水平和增强公平化效益等要求。财政支付政策和农村开发的关系能够从以下角度阐释。

（1）购买型支付政策和农村开发的关联。购买型支付政策不单可以满足政府部门内化需求，还可以协调生产社会化与调和整体开发效用，并关系外部整体需要的改观。因此，外部总需求=投资+消费+政府购买。当经济态势衰败时，政府部门能够使用财政资金投资与购买，以提高市场对于产成品与劳动力的要求，进而促进生产和拉动社会经济增长态势；当经济态势集中时，政府能够缩减财政部门投资资金与社会经济公共性支付，以减弱对于产品与劳动力的要求，从而延缓生产力发展和敦促经济开发态势缓和。因此，政府部门购买支付性举措和调控效能的强劲方式，针对农村开发的效能在于政府部门资金投入具备乘数相关效应。乘数相关效应指一项资金投入能够使初始资本有较大的增长。假如乘数是 K，政府部门财政支付的增量是 $\triangle G$，$K \cdot \triangle G$ 即乘数相关效应，政府部门财政投入为本质型投资资金，主要吸纳外部资本与人民资本投资农业产业，增加农户收益，引导农户增加消费，获取较高资金与外部收益。例如，政府部门以财政支付 600 亿元给予农村各农业产业利息资金，假如年利率以 6%为准，能够接入约 10 000 亿元农村投资。假设其中约 45%的资本转变为农户的劳动力收益，农户收益年增加 4 500 亿元，农村和农户因农村投资受益，其他产业也依附农户收益增长并投资收益。另外，政府部门可以获得超过初始投资 600 亿元资本的部分为财政性效益，如降低税款收益和支出保障性。因此，我们能够完成“增长性支出—提高收益—拓展消费范围—加速生产力发展—增速经济”的效应性乘数理论。促使农业产业稳定开发，财政部门需要增加农业产业资金投资。

（2）转移性支付政策与农村发展的关联。转移性支付举措可以拓充受益群体——农户。财政转移性扶持农民策略主要为财政支持策略，如农业生产性补贴和支付性补助等。农业生产性补贴主要是对农业特定生产者运营进行补助贴付，如生产资源资本补助贴付与生活性信贷补助贴付，能够对农业产业户进行直接贴付，进而改善产出运营人再生产、扩大再生产和提升生产要素的能力。农业支付型补助则是予以农民生活日用品的资金补助，可以进一步增添农户个人的收益，刺激社会支付消费往农业方向转变。在目前消费品价格上升及农户收益增长不平稳状况下，农户购买力贴付效用比较显著，如农村家电补贴、最低农户生存保障，能够降低外部物价变化对农户收益的影响，进而促进农民个人增收，并进一步保障农业产业的开发拓展。

2.3.2 财政收入政策推动乡村振兴的经济学分析

财政性收入政策和农村开发也具有相当紧密的联系，财政性收入策略主要是税收的减免，农户税负减少能够增长农户支付收入的比重，进而促使乡村购买力拓展与外界复生产力增加。税收性杠杆工具效用主要是直接或间接作用于农户，用公式表示为

$$K_t = \triangle Y / \triangle T$$

其中，税收乘数是 K_t，收入变动量为 $\triangle Y$，税收收入变动量为 $\triangle T$。

依据边际消费趋向和乘数投资型理念，K_t 和边际消费互有联系，边际消费趋向为 b，则 $K_t = -b/(1-b)$。税收的变化关联作用于居民可自主支配收益，作用于消费型支付。例如，政府税收减少 100 亿元，假如边际消费趋向 b 是 0.6，最终的效益增量是：$K_t \times \triangle T = [-0.6/(1-0.6)] \times -100 = 150$（亿元）。因此政府部门减少农业产业相关税款，能够提高农户支配性收益，进而极大改善乡村支付外部环境，同时推动社会性再生产增长。

2.3.3 财政政策推动乡村振兴的功能与作用分析

实践表明，财政政策对促进乡村发展具有主动效能和功用，表现如下：

（1）示范型导向功能。政府部门运用相关扶持农户财务举措，可以促进农业产业开发和全方位发挥导向示范作用。例如，政府投资一些基础设施建设和公共财政项目等，进一步吸纳和引领社会资本集中投向农业产业，促使各类资源要素集中到农业区域并将效益发挥到位，从而带动农业产业发展和提高农民收入，其财政投入具有示范效应和引导作用。从 1988 年开始全国各地进行农业综合开发建设，吸引各类社会资金投入，引导农民投工投劳，较大程度提升了农业产业基础条件，改善了综合农业产业效益，创造了农产业大发展的平

台和提高了农业先进程度，并有效带动农民收入全面增长。

（2）协调分配功能。我国是一个农业大国，常年的城镇农村组织分割和经济二元体制致使当前农村经济社会较为落后。在如今市场经济环境中，城镇经济的快速发展和乡村经济社会的落后的不和谐阻碍了我国经济的全面发展。因此，我们有必要合理梳理二者间的联系，调和二者间的矛盾。在当前城镇与乡村差距较大、农户个人收益增加逐渐困难的情形下，财政性政策的实施能够调和我国经济开发及其分配收益的形式，农村投资与支持水平的提高，旨在不断提高农户收益水平与促进农村经济社会开发，缩小城市乡村差距及逐渐改变二元模式构成并建设美好社会。而由于财政性乘数投资效用与转移性政策支付补贴，常年不配比的效益划分局面将有所改善，最终促成我国经济社会全方位开发及促使农户稳定收益不断增长。

（3）“发动器”的功能。我国农民收入效益大都来源于农耕生产领域，而农村开发的落后性将在很大程度上阻碍农民收入效益的持续增加，原因如下：一是农户耕作受限于地方的外部条件与天气条件，具有较大的弱质性与被动性；二是一些地方信守“农轻工重”的观念，使得农村农业产业开发底子薄弱、基础差、积累不多；三是农业产业存在作业期较长、回报较低、风险高等特质，不能有效吸纳社会性资源。那么，财政政策扶持农户策略能够成为导向型政策，实现适当的“发动器”的效用和水平，主动吸纳各种社会与生产资源完全投入农村，以实现农村农耕业持续开发。特别是在我国这样的农村劳动力补给持续过剩的社会经济体制内，我们应更好地发挥好财政政策扶持农户的“引擎”作用。

3 西藏自治区乡村发展现状及制约因素分析

自区域内和平解放、改革开放以来，西藏经济社会状况产生了较大变化，农牧业开发获得丰硕成果。本章主要总结西藏自治区社会经济发展变化及规律，经济社会农区牧区的开发水平，深层次研究其乡村产业情况。

3.1 西藏自治区乡村发展现状

3.1.1 西藏自治区乡村发展基础

西藏自治区平均在海拔 4 000 米以上，地貌具有显著特色，包含高原北部区、谷地南部区和高山东部峡谷区等。高原北部区占整区面积约 2/3，当地资源生态环境形势较为严峻。谷地南部区于冈底斯山、喜马拉雅山间，处于雅鲁藏布江及分支流域，相对来说生态条件良好。高山东部峡谷区呈东西走向，在横断山脉内，立体农业气候特质显著。西藏自治区的地貌较为复杂，有中低山、极高山、丘陵、平原等，导致其生态环境险恶，极寒、氧气不足、降雨量稀少、日照极多、早晚温度差异较大、动植物成长期缓慢，其农业牧业开发情况如下：

（1）区域面积广，宜耕土地少。《西藏统计年鉴 2018》中的统计数据喋，西藏自治区宜耕地为 49.32 万公顷，约占总土地公顷数的 0.41%，是最小的国内农耕地区。从宜耕地分布情况分析，日喀则宜耕土地最广，约占总宜耕地公顷数的 36.6%；那曲拥有最小的宜耕地区域，约占宜耕地总公顷数的 9.38%。从适宜农耕质量分析，一等适宜农耕区域占全区适宜农耕区域面积的比例约为 5.43%，二等适宜农耕区域占全区适宜农耕区域面积的比例约为 15.71%，三等适宜农耕区域占全区适宜农耕区域面积的比例约为 30.09%，四等适宜农耕区域占全区适宜农耕区域面积的比例约为25.87%，五等与其他宜耕地约占全区宜耕地比例约22.9%。综上所述，西藏自治区可用农地资源稀少。

（2）植被稀少，林木土地面积分布差异大。西藏自治区的绿植稀少，区域内林业面积是1 393.2万公顷，约占总土地公顷数的11.56%。从林木区域分布情况来看，林芝拥有最大的林木区域，大约占全区林地总公顷数的43.75%；那曲的林木区域面积最小，约占全区林地总公顷数的2.25%。林木的区域分布差异性显著。从林木类别分析，经济林种类占林木总公顷数的0.02%左右，用材林种类占林木总公顷数的56.65%左右，薪炭林种类占比为9.94%左右，水源涵养林、防护林等占比约是33.39%。西藏林地资源稀少是阻碍林业发展的主要难题，利用林木资源改善当地生态条件效用也极低。

（3）牧场地广，优质牧场稀少。西藏牧场面积较大，畜牧业适宜地面积为6 160.4万公顷，约占西藏土地总面积的51.13%。从分布看，那曲有西藏自治区最大的牧场，其面积占全区牧场面积的31.58%；日喀则牧场面积次之，约占全区牧场面积的19.66%，其余地区牧场面积普遍较小。从牧场质量来看，优质牧场资源十分稀缺，一等适宜放牧面积约占总牧地面积的2.43%，二等适宜放牧面积占比约为9.58%，三等适宜放牧面积占比约为32.42%，四等适宜放牧面积占比约为43.44%，五等及其余适宜放牧面积占比约为12.13%。西藏自治区沙化、半沙化土地面积约为4 437.7万公顷，约占西藏土地总面积的36.84%，主要分布在那曲和阿里地区等，这是制约当地畜牧业发展的因素之一。

（4）河流众多，农业牧业开发利用水平不高。共有100多条河流，来源于自然降水、冰川融化、地下水等。西藏自治区水资源流域面积广、含沙量低、水流质量较优。此外，全区湖泊约有1 500个，咸水湖占比最高，淡水湖占比较低，总湖泊面积为24 183平方千米，约占全国湖泊总面积的1/3。这些水域虽然能够为西藏自治区农业牧业开发提供相对充裕的灌溉供给，但目前水域资源利用率很低，大部分水域没有被充分利用和合理开发。

3.1.2 西藏自治区乡村发展现状

《西藏统计年鉴2018》数据显示：2017年，西藏农户数量为56.93万户，农村人口为233万人，农村从业人数为141.18万人，其中农林牧渔业的直接从事人数为97.55万人，实际农耕地域亩数为242.75万亩，农产品总产量为135.16万吨，其中牛、羊、猪肉产量为30.03万吨，年末牲畜存栏数达到1 756.40万头。在维持农耕作物生产和全方位开发畜牧业养殖的前提下，西藏自治区农牧业开发速度加快，规范收益即期展现，农业产业运营化和特质化优势已显现。当下，一些地区已试验完成大棚种植技艺并进行大范围宣传和使用，蔬菜自种率达到 80%以上。2017 年，西藏自治区农村企业总产值达到 43 亿元，多元总运营收益为 55 亿元，农林牧渔业产值为 178. 160 亿元，农牧业经济呈现较高的开发水平。

（1）第一产业总量增速较快。西藏自治区第一产业 1997 年增加值为 29. 23 亿元，2017 年增加值为 112. 72 亿元，增加值增长约 4 倍，年平均增长速度为 4. 0%。1997—2017 年，西藏大力推进农业综合开发项目，注重农牧业的内涵式发展经营，农牧业总产值增长速度较快 ，自 1997 年 41. 5 亿元增加到 2017 年的 173. 88 亿元，每年平均增长速度为 8. 54%。第一产业不但在总量上实现了 170 亿元的历史性突破，各产业内部还呈现良好的比例关系与发展势头（见表 3-1），这在一定水平上保证了西藏城镇乡村居民对于农业牧畜产成品的需要。

表 3-1　1997—2017 年西藏第一产业增长情况

代表年份		增加值（亿元）	总产值（万元）	农业（万元）	林业（万元）	牧业（万元）	渔业（万元）
1997		29. 23	414 546	218 195	8 577	187 624	150
2000		36. 39	512 185	263 649	13 130	235 282	124
2005		48. 04	656 518	298 887	56 997	300 498	136
2010		68. 72	984 304	462 822	24 602	488 612	2 268
2015		98. 04	1 456 298	680 481	21 087	752 956	1 774
2016		115. 78	1 581 935	728 270	23 926	827 290	2 449
2017		122. 72	1 738 795	784 369	29 475	921 680	3 271
年均增长率（%）	2000/1997	3. 45	3. 66	5. 78	−0. 86	2. 60	−2. 38
	2005/2000	4. 38	4. 08	−0. 20	18. 82	3. 05	−7. 43
	2010/2005	4. 43	8. 38	9. 40	−0. 81	8. 37	131. 15
	2015/2010	7. 36	8. 20	9. 10	9. 87	7. 47	−1. 92
	2017/2015	11. 9	9. 18	3. 78	18. 22	10. 64	35. 79
总平均增长率（%）		4. 0	4. 4	6. 61	6. 37	7. 66	16. 66

数据来源：根据《西藏统计年鉴 2018》统计数据整理。

（2）农产品和畜产品供需的总量趋于平衡。经过了 20 年的调整和发展，西藏自治区的农产品和畜产品已经从过往的长期短缺改善为当今的供需总量趋于平衡。农产品方面，西藏自治区的粮食产量保持平稳，自 2000 年以来持续保持在90万吨以上的产量，并且2017年全区粮食总产量为105.13万吨。同时特色粮食作物产量近年来得到快速增长。例如，青稞在2017年的产量达到78.65万吨，经济作物产量也快速提升。例如，油菜籽在2015年的产量达到6.36万吨，并且连续多年保持在6万吨以上的产量（见表3-3）。同时西藏自治区的产量农作物播种面积也逐年扩大。由表3-2、表3-3可以看出，西藏的主要农作物播种面积正在逐年扩大，单位面积产量也在持续上升，同时畜牧产品产量也逐年提升。其中肉类和奶类产量呈持续增长趋势，2017年牛肉产量较1997年增长3倍以上，这不仅满足西藏自治区城乡居民生活的需求，也带动了肉类的外销相关产业的发展。对1997—2017年西藏主要农产品产量（详见表3-2）增长情况进行统计发现，西藏自治区主要农畜产品已彻底告别了长期短缺的局面并实现良好发展，同时有推动外销发展的趋势。

表3-2　1997—2017年西藏自治区主要农产品单位面积产量

（单位：千克/公顷）

年份	粮食	青稞	油菜籽	年份	粮食	青稞	油菜籽
1997	4 017	3 628	1 944	2008	5 570	5 245	2 432
1998	4 240	3 946	2 006	2009	5 343	5 051	2 824
1999	4 593	4 095	2 408	2010	5 361	5 114	2 424
2000	4 777	4 539	2 456	2011	5 509	5 525	2 645
2001	4 934	4 667	2 592	2012	5 554	5 387	2 639
2002	5 045	4 907	2 409	2013	5 467	5 301	2 581
2003	5 195	4 926	2 285	2014	5 554	5 436	2 604
2004	5 339	5 098	2 220	2015	5 624	5 479	2 690
2005	5 256	5 101	2 348	2016	5 596	5 506	2 746
2006	5 381	5 091	2 266	2017	5 711	5 665	2 688
2007	5 464	5 177	2 260				

数据来源：《西藏统计年鉴2018》。

表 3-3　1997—2017 年西藏自治区主要农畜产品产量表

（单位：万吨）

年份	粮食总产量	青稞	油菜籽	肉类总产量	猪肉	牛肉	羊肉	奶类	牛奶
1997	79.19	44.66	3.37	12.15	0.69	6.67	4.79	18.60	14.90
1998	84.98	49.85	3.40	12.92	0.67	7.33	4.91	19.56	15.58
1999	92.21	54.75	4.11	14.69	0.73	8.29	5.67	20.88	16.72
2000	96.22	59.71	3.96	14.93	0.79	8.48	5.66	20.40	16.20
2001	98.25	62.84	4.35	16.01	0.83	8.94	6.23	23.05	18.14
2002	98.40	63.60	4.52	17.21	0.92	9.40	6.89	24.30	19.00
2003	96.60	61.91	4.94	18.98	0.86	10.76	7.36	25.13	19.62
2004	96.00	61.23	5.39	20.82	1.04	12.19	7.59	26.20	20.29
2005	93.39	61.35	6.12	21.46	1.22	12.76	7.47	26.98	21.21
2006	92.37	59.20	5.45	22.70	1.19	13.46	8.05	27.61	21.57
2007	93.86	61.08	5.21	23.48	1.08	14.20	8.20	28.94	22.98
2008	95.03	61.82	5.78	24.46	1.11	15.07	8.28	29.46	23.32
2009	90.53	59.52	6.01	25.52	1.25	16.31	7.96	29.43	23.69
2010	91.23	60.26	5.80	26.31	1.26	16.91	8.14	30.25	24.15
2011	97.73	62.19	6.33	27.67	1.17	17.89	8.61	31.35	25.34
2012	94.90	63.71	6.30	28.95	1.13	19.76	8.06	31.69	25.64
2013	96.15	65.66	6.34	29.21	1.01	20.71	7.49	32.52	26.51
2014	97.97	68.05	6.34	28.62	1.04	20.69	6.89	34.06	28.73
2015	100.63	70.85	6.37	29.28	1.07	21.63	6.59	35.44	30.47
2016	102.36	72.81	6.18	29.09	1.07	21.64	6.38	37.92	33.39
2017	105.13	78.65	5.91	30.03	1.14	22.54	6.35	42.19	37.06

数据来源：《西藏统计年鉴 2018》。

（3）西藏自治区的特色经济作物得到了长足发展。西藏自治区以茶、水果、蔬菜及药材为主的特色经济作物近年来发展迅速。1995—2017 年，西藏自治区的果园种植面积由 1 277 公顷增加到 5 421 公顷，增加 3.25 倍；苹果产量由 3 615 吨增加到 11 044 吨，增加 2.1 倍（见表 3-4），特色农耕作物开发状况优良，可以很大程度提升当地农牧民的收入，促进地区的发展。同时对于西藏自治区当地农牧民而言，西藏自治区拥有得天独厚的地理条件和原生态的高原沃土，为特色经济作物的发展提供了广阔的市场空间和发展前景，也为更深此次的产品深加工，如西藏自治区特色的高原绿色产品提供了大量的原材料。

表 3-4　1995—2017 年西藏自治区茶、水果的种植面积及产量表

年份	1995	2000	2005	2010	2011	2012	2016	2017
茶园面积（公顷）	146	48	55	224	163	163	689	790
果园面积（公顷）	1 277	1 235	1 544	1 860	2 146	2 024	4 706	5 421
苹果园面积（公顷）	1 145	1 051	708	1 375	1 403	1 324	2 318	2 876
梨园面积（公顷）	58	112	313	81	89	89	460	432
茶叶产量（吨）	130	1	1	8	28	31	80	91
水果产量（吨）	6 242	7 418	8 747	9 484	9 858	9 745	14 794	18 915
苹果产量（吨）	3 615	5 299	4 427	5 124	5 453	4 442	6 699	11 044
梨产量（吨）	705	803	1 420	1 228	1 070	1 150	1 543	1 309

数据来源：《西藏统计年鉴 2018》。

（4）农业商品化率逐步提升。1997 年西藏自治区农业产业商业产品产值为 122 948 万元，至 2017 年增加到 915 202 万元，20 年增加了 6.44 倍，年平均增长幅度为 632%，农产品商品率由 29.66%提高到 51.37%（见表 3-5）。由于乡村市场外部体制的持续改善，农业成果的商品转化率水平稳步提升，农业成果少、成品销售不佳的状况有所改善，农户收益水平提升较快，能够为继续再生产提供资金支持。同时，农业商品化率逐步提升有助于改善农业产业作业水平和农牧业区域开发现状。

表 3-5　1997—2017 年西藏自治区农产品商品化情况

年份	农业商品产值	农业（万元）	林业（万元）	牧业（万元）	渔业（万元）	农业商品化率（%）
1997	122 948	53 337	4 170	65 398	43	29.66
1998	123 332	48 887	3 242	71 055	148	29.1
1999	153 485	71 350	3 500	78 485	150	31.83
2000	166 980	73 846	4 220	88 829	85	32.60
2001	184 886	84 725	4 955	95 084	122	35.03
2002	204 237	95 700	5 235	103 194	108	36.54

表3-5(续)

年份	农业商品产值	农业（万元）	林业（万元）	牧业（万元）	渔业（万元）	农业商品化率（%）
2003	235 559	104 097	9 192	122 177	93	40. 17
2004	300 929	136 705	8 126	156 000	98	47. 97
2005	327 154	153 080	8 494	165 477	103	48. 29
2006	379 614	177 401	10 307	191 800	106	53. 86
2007	425 378	199 780	9 488	215 995	115	53. 28
2008	485 152	228 141	11 441	245 455	115	54. 85
2009	560 052	292 188	11 873	254 372	1 619	59. 98
2010	596 053	288 973	11 521	293 962	1 595	59. 15
2011	617 494	285 682	11 204	318 851	1 758	56. 46
2012	668 265	287 462	14 517	364 476	1 811	56. 48
2013	708 638	331 240	14 645	361 599	1 155	55. 36
2014	744 880	357 112	15 662	370 786	1 320	53. 70
2015	786 492	358 184	15 322	411 480	1 506	52. 62
2016	826 407	365 832	15 318	442 377	2 880	50. 87
2017	915 202	402 299	14 677	493 858	4 368	51. 37

数据来源：根据《西藏统计年鉴 2018》整理。

（5）农业现代化进程较快。近年来，西藏自治区农业产业现代化水平显著提高，1995—2017 年总农产业动力水平增长了 11. 2 倍。其中：大中型农用拖拉机数量增长了 33. 68 倍，小型农用拖拉机数量增长了 9. 49 倍，农用运载车辆数量增长了 46. 15 倍，乡村用电量增长了 6. 37 倍。从这些指标大幅度的增长可以看出，西藏自治区农业现代化进程加快，农牧民的生产和生活条件得到明显改善。这为实现西藏自治区农牧业跨越式发展和全面提升农牧民收入及生活质量创造了条件（详见表 3-6）。

表 3-6　1995—2017 年西藏自治区农业现代化相关指标表

年份	1995	2000	2002	2003	2007	2010	2011	2012	2013	2014	2015	2016	2017
农机总动力（千瓦）	683 919	1 145 276	1 458 024	1 812 121	3 294 227	4 119 871	4 450 898	4 994 835	5 783 259	6 605 589	7 222 386	8 220 062	9 029 875
农用大中型拖拉机（台）	2 143	2 025	3 205	5 302	9 973	22 946	26 761	36 074	43 068	51 619	61 720	69 348	76 465
小型拖拉机（台）	15 151	30 999	50 598	60 524	88 321	119 621	133 805	141 512	156 020	167 277	181 716	178 466	174 179
农用运输车（辆）	1 040	3 665	8 781	11 044	15 382	20 496	22 110	24 938	33 670	37 918	41 165	45 535	50 079
农村用电量（万千瓦时）	1 695	3 392	3 586	4 305	5 553	7 623	8 745	10 739		11 829	12 753	12 111	14 191
有效灌溉面积（千公顷）	176. 7	157. 03	159. 73	154. 95	156. 37	167. 04	169. 03	178. 32		175. 74	176. 94	178. 11	181. 08
草场灌溉面积（千公顷）	439. 3	722. 1	208. 44	514. 54	1 314. 44	550. 56	426. 92	574. 39		552. 99	635. 233 67	684. 89	764. 89

数据来源：根据《西藏统计年鉴 2018》整理。

（6）农业产业内部优化。西藏自治区农村经济社会得到全方位发展，农业产业内部结构得到优化和改善，将以前固化的以种、养为主，拓展为当下的农产业、畜牧业产成品，农村土木建筑，交通设施及贸易集市等多元化发展。表3-7显示，种、养业在整体农牧业产值的占比持续下降，其余各项产业占比平稳提高，2005—2017年变化显著。这体现了农牧民拓宽了就业与收益增收途径，内部优化提升了农产业发展水平与整体开发收益。

表3-7 1997—2017年西藏自治区农业内部结构比重状况 单位:%

年份	农村社会总产值	农林牧渔业总产值	农村工业总产值	农村建筑业总产值	农村运输业总产值	农业商业总产值
1997	100.0	91.0	2.0	1.9	3.0	2.1
1998	100.0	90.1	3.0	1.9	2.5	2.5
1999	100.0	89.9	2.7	2.0	2.7	2.7
2000	100.0	89.7	2.4	2.5	3.0	2.4
2001	100.0	91.4	2.5	2.1	2.3	1.7
2005	100.0	82.2	3.3	5.4	5.5	3.6
2006	100.0	80.3	3.2	7.4	5.4	3.7
2007	100.0	78.2	2.9	10.1	5.2	3.6
2008	100.0	76.9	2.6	11.0	5.2	4.3
2009	100.0	75.5	2.3	12.2	5.4	4.6
2010	100.0	74.5	2.6	11.4	6.1	5.4
2011	100.0	74.4	2.8	10.3	6.5	6.0
2012	100.0	71.7	3.5	11.2	6.9	6.7
2013	100.0	71.5	3.4	11.7	7.3	6.1
2014	100.0	71.0	3.3	12.9	7.1	5.7
2015	100.0	68.7	3.4	13.8	8.2	5.9
2016	100.0	66.2	3.5	14.7	8.9	6.7
2017	100.0	58.4	3.1	16.0	8.8	13.7

数据来源：根据《西藏统计年鉴2018》整理。

（7）农村合作经济组织不断壮大。西藏自治区将支持主要骨干新兴龙头企事业单位作为新兴农业合作经济体制开发的主要模式，即采取“农业合作组织+公司企业+农户个体”等结构形式，主力培养扶持各行业骨干龙头企事业单位。至2016年年末，西藏自治区各行业农业骨干龙头企业共105家，其中国家级龙头骨干企业14家，自治区级龙头骨干企业12家，龙头骨干地市级企业79家，全年完成平均产值8.53亿元。新兴农业合作经营机制的持续培育与开发已经变为帮扶农民牧民致富脱贫奔小康的新型“发动机”。多年来，西藏自治区党委、政府部门一直极度看重农民专业合作经济组织的培育与开发，大力扶持和促进乡村各种专业合作经济机构开发，并积极吸引各种“能人”参与建设乡村经济合作专业机构，并把该项事务链入各级政府每年绩效目标考查机制。到2016年，西藏自治区各项专业农村合作经济机构共4 624个，这些机构在开发推动地区经济、开拓市场、扩大产业规模与引领农户脱贫奔小康方面发挥极其重要的作用。

3.1.3 存在问题

当前，西藏自治区农村经济开发处于新型开发范畴内，即由原始的放任式运营模式向集中化、先进化运营模式变换，由原始闭环式向放开的先进的市场运行变换，仍面临着许多新的问题和挑战。本书对当下西藏自治区农村经济开发情况进行分析，发现主要存在下面一些明显问题。

（1）环境保护不力。西藏自治区是我国五大牧区之一，当前较高的居民人数增长趋势、生态资源的过度占用、自然环境遭受破坏的问题并未得到完全解决。水土资源流失、土地草原沙化、水资源和空气污染、林地原始效能下降，成为农村产业开发的主要障碍。环境问题表现如下：一是西藏自治区气候多变、氧气多变、沙化普遍，水、热、光生态资源配比不平衡，植被稀少，牧区质量不高，畜牧承载水平差。二是林地资源过度使用。林木草区常年超荷承载，严重制约生态资源的深化生产，无人区草木自生自灭，生态资源无法转换为生产力。三是土地资源虽多，但农业适耕面积小，再加上农户靠烧山或者轮歇丢荒等直接方式恢复土地农耕力的原始农耕方法，加剧了土地肥力衰减。四是虫灾、鼠灾及自然灾害等使得草地沙化、碱化、黑滩化情况恶化，已经成为阻碍西藏农村产业发展的主要障碍。

（2）科技支撑不足。整个农村产业体系通常包括多个元素，这些元素之间有着复杂的联系，我们需要一大批科技工作者指导乡村产业建设和具备一定文化素质的农牧民从事农业生产。目前在农村产业的实践中，西藏自治区提高科技水平的方向为：一是产品生产环境与技能的先进化，二是管理机制体系的先进化。实行先进的管理机制是改善农业产业的组织机制化水平，持续改善产业运营体系，提高产业的区域化、专业化、社会及企业化水平，促使农业产业经济收益持续提升，完成农村资源分配，完全发挥资本技能的潜能的重要方式和途径。当前西藏自治区农业个体经济的运营模式尚未重建，和先进产业的根本需求有明显冲突，产业收益较低的问题也未从根本上解决。西藏自治区应加速改善产业运营体制，建设合适先进技术开发的产业机制与运营体系，用先进的运营思想引导农村农业产业开发。

（3）生产规模偏小。西藏自治区仍旧存在产业范围小、运营分散、组织化程度不高等现象。西藏自治区因地域广，大部分乡镇和农牧区不集中，农业产业农耕地域分布较分散，形不成规模或规模不大。一是农村作业活动基本上由农户各家包揽，散放式运营，农产业设施条件不够成熟，大量龙头骨干农业产业企业单位引导力不够，产成品附属价值并不高，目前农业产业底子不扎实，阻碍农业产业向产业化、集约化发展，农业产业生产运作成分协调的实际效用并不明显，农业成果过剩。二是农村农产品不在高位。藏药、青稞基地规模虽已成熟，但科技创新局限性较大，农业产成品更新换代慢，不具备优势。农村产业开发的基本指向就是自然效益的完成、经济与社会效益的一体性，而当下农村产业的现实状况还不能实现这一要求，因为某些地区单纯依靠农业种植，较难拥有较高的经营效益。

（4）保障服务不够。在农业产业中，劳动和技术资源处于同样重要的位置，当下西藏自治区尚未运行高效劳动力机制，在一些区域，还不能给予农牧民优良种类和种苗、技艺扶持、贷款与工信技术。另外，西藏有必要发动众多农民牧民自发主动并可以自主地运作开发促进经济，但目前尚未建立较为高效的体系制度，不利于区域内部经济社会迅猛拓展及持续加深与外界的沟通合作程度。区内居民数量剧增，农牧民虽然具有生产运作主导权，但农业产业发展不集中，拉低了集约农耕水平和降低了生产劳动效率，增加了农业产业农耕资本和农产技术、农业作业机器推广的难度。

3.2 乡村发展制约因素分析

3.2.1 资源环境制约

（1）基础设施建设落后，开发滞后。受海拔和地形地貌的条件约束，西藏自治区农村开发底子薄弱，农牧区交通普遍不便。西藏自治区统计数据显示，2008 年全区通车公路里程为 51 314 千米。其中，一级公路通车里程为 24 317千米，二级公路通车里程为 952 千米，其他为 28 586 千米，这种落后的交通现状限制了当地社会经济的快速发展。至 2010 年，西藏自治区仍有 10%的农牧地区接收不到卫星信号，有 76%的村镇未通电信光缆，估计有 70 万的农民牧民无法用电，约有 100 万的农民牧民仍有用水等生活隐患。并且村内水污染、废弃物处置方式也十分落后，公共设施建设不成熟，无疑增加了当地经济社会深度开发的沉重成本与压力。目前，藏区整体物价比全国平均水平高50%以上，持续居高的生活与竞争压力，将严重阻碍西藏自治区乡村产业和农牧区域社会全面开发。

（2）生态脆弱，资源贫乏。西藏自治区的农牧地区处于高海拔地带，常年气候寒冷、土壤贫乏、养分不足，旱灾、虫害、沙蚀等屡屡出现，高原自态系统脆弱，抗干扰能力差，这使得当地农牧产业开发所必要的自然资源异常脆弱。《西藏自治区扶贫开发“十五”计划和2010年中长期发展规划》关联数据显示，西藏自治区的草原面积为9. 24亿亩，绝大部分位于海拔高度4 500米以上的区域，其中可用草原面积为8. 25亿亩，占总草原总面积的89. 28%。这些草原大多是天然草场，围栏草场较少，目前只有100万多公顷；人工草场更少，不到60万公顷，并且草场面积在逐年缩减。据统计，2004年西藏自治区草场退化面积为1 276. 1万公顷，约占草原总面积的15. 39%；土地荒漠化面积为2 047. 41万公顷，约占全区土地总面积的13. 07%，目前，该数据仍在继续扩大。阿里地区的狮泉河盆地周边的土地近几年几乎被完全沙蚀，当地粮仓“一江两河”区域也遭受沙蚀的危害。其中1989—1999年自然灾害致使区内农作物受灾面积达1 346万亩，成灾面积达794万余亩，农作物减收280万吨。依据西藏高原大气环境科学研究所数据表示，1988—2005年，区内西北牧区草原面积缩减了39. 64%，其中不合理的挖采活动和放牧过度等是草原沙化的一个重要原因（邓艾，2005）。这说明了当地自然环境正面临着严重的考验。随着人们对藏药效用的认识的加强，藏药的使用范围也在持续扩大，西藏出现过度挖采冬虫夏草、雪莲、红景天等药材的问题，持续加深了植被生长环境的恶化和土地沙化。农牧民收益的稳定增加来自开发当地的自然资源，但由于农牧民收入来源渠道有限和西藏自治区生态资源的脆弱性，这种不合理的开采活动无疑是加剧了持续贫困化的进程。如何才能做到既科学合理利用当地生态资源，又能促进农牧业经济和谐、可持续发展呢？这将是西藏自治区在建设政治、社会、经济、文化建设及生态文明中亟待解答的问题。西藏自治区依旧有一部分农民牧民未从根本上摆除依附水源居住的牧居的生活产居住方式，常年使用老旧农业产业运作方式生产，农村产业的开发与拓展面临着更加严峻的挑战。

（3）耕地贫乏，农耕能力弱。西藏自治区的耕地并不肥沃，农耕能力弱，生产水平相对不高。在西藏自治区宜耕耕地中，一等耕地占总公顷数的5. 43%，位于年楚河与尼洋河、拉萨河、雅鲁藏布江流域中；二等耕地占总公顷数的15. 71%，位于沟壑、峡谷地域；三等、四等耕地占总公顷数的55. 96%，位于山下平坡地带；五等耕地及其余部分占总公顷数的22. 9%，荒地占比较多。西藏水资源丰满，但农耕用水异常稀少，制约了农耕土地滋润力和承载度。另外极寒气温、沙化、降水少、氧气稀薄制约当地农牧产业的开发。日前整区复耕指数是102.4%，比我国平均水平低，区内居民数量急速增加与社会经济开发等对生态资源的压迫力持续不断上涨。根据居民居住容载量推算，区内居民数量在1993年时超载，为91.23万人，2000年容载超荷量为75.30万人，2015年容载超荷量为110.59万人，居民数量的增长势头与自然生态的矛盾变为无法忽略的棘手问题。

（4）农牧业的地域条件有待改善，农业产业开发范围受限。第一，区内物、人、信息流等没有固定的运载媒介城市乡镇建设滞后；第二，区内农区牧区位置偏僻，缺少资源，交通不通畅，公共设施十分老旧，农业产业开发缺乏升温点；第三，农民牧民仍以农耕这种生产生活方式为主，农耕防御自然灾害能力差较，使得农村产业开发停滞不前；第四，农区牧区外部机制系统发展不成熟，致使农业产成品销售渠道不顺，存在当地农牧畜产业产成品“不好卖”“不能卖”等现象，制约了当地农业产业经济的持续性开发。

3.2.2 产业基础制约

（1）农村开发产业化劲头不足。农村开发产业化的根本为：引进先进的科学技术，建设现代管理体制，构建优良转换体系，以环境与人互相调和开发为基础，高效率使用自然资源并合理开发，追寻农业产业生产、经济开发与环境生态维护和谐发展的道路。当前，西藏自治区农村产业化水平普遍不高，虽然近几年来取得相应发展，但农业产业层次不清晰，主导农畜产品不突出，尚不具备竞争优势，特色产业没有形成“产供销”“种养加、贸工农”和“农科教一体化”模式的运营局面，农业产业的前、中、后服务环节还未联结成利益统一体，当下仍处于低水平和初等程度，农民企业、农业经济、农户素质及农户产业意识水平尚且较低，公共财政对于农业产业的支持效力不大，对应的政府性扶持较少，致使农村开发产业化劲头不高。

（2）区位特质和文化影响产业开发。西藏自治区农业产业拥有很强的原生和经济社会区域特质，这里气候寒冷，农作物品种少，农作物生产多是一期成熟，农作物品种单一化显著。区域内地形地貌条件、植被生长、生产生活方式和习俗习惯等差异大，具体呈现为具备极浓高原特色的区位特质，包括原生态环境和多元的藏族文化，赋予了乡村产业丰富的内涵和厚重的民俗韵味。现实中这种明显的区域特质和多样文化必定促进了多元化的各地标准的形成，多元化的标准有利于农业区域产业经济发展，但这必然导致对外沟通交流障碍，且负面影响地域内成果产业化和规范化。因此，在发展农村产业时，西藏自治区应考量如何结合好地域性与文化成分的特点，尽量减少农业产业化与生态改善形成的负面影响，是西藏乡村产业创新发展的重要环节。

（3）区内经济社会结构运营冲突显著。西藏自治区农业经济起步晚、基础薄、底子差，农业产业发展水平低，运营冲突仍然显著，具体呈现为以下方面：一是农业牧业经济特色优位尚未完全体现，依旧是散放式运营模式；二是农业牧业生产依旧未开拓深层次加工产业领域范畴；三是农业产业外部产业开发水平较低，以农民个体户包揽的运营模式为主；四是乡村劳动剩余资源的运营规模小、进程慢、发展空间小；五是农业产业要素投入稀少，对先进科学技术和信息媒介等的要求无法得以满足；六是市场外部机制体系改革不成熟，极具竞争潜能的藏区农业畜牧类产成品无法正常参与市场角逐。目前，西藏自治区乡村产业并未建立高效机制体系。

（4）城镇农村划分机制阻碍了农业产业开发。在西藏自治区社会经济开发进程中，历史上二元计划经济模式留存的模式结构导致“村城分离”现状及开发滞后、配置不均等状况。差异集中体现在资源分配、政策机制与产业类型及福利体系，不利于农区牧区的和谐建设。“村城分离”的现状，促使当地农业牧业日常资金投入不够，耕作科学技术的发展受到严重制约。区内个体农民生产生活运营集中度不够，小规模生产和市场外部大环境的冲突也限制农业产业开发。当地农牧业开发不能有效提高生产效能，个体农户面对激烈的业内竞争与极不稳定的外部环境时常将自己放在低位，上述皆为阻碍区内农业产业开发的因素。

3.2.3　管理机制制约

西藏自治区地域广阔，农户小生产经营困难，外部监督管理机制被弱化，一些人无视有关制度，但未受到行为惩罚。证据不足及处罚力度不够，对乡村市场的健康发展产生了负面影响。当下农户小生产与大市场的冲突较为明显，农民应对市场变化能力较差，往往损失极大，这挫伤了农业生产人的主动性，加上我们尚未建立有效的抵御市场风险的机制，影响了农村各产业的推进。另外，西藏自治区农村经济与产业环境保护二者的关系调和度不高，农村产业团体形式与盈利体制中有很多缺陷，一定程度上延缓了农村产业的拓展和开发。农业开发是繁复的整体性作业，重点在于生态保护与产业开发协调发展，具备专业产业化、区域分布化、系列产业化、绿色产品化、经营整体化、社会服务化及企业单位体制化的特质。相较于普通农业，乡村产业对运行方式和管理要求较高，要求与新情形的特质相适应要求遵循市场运作规律，协调资本、技艺、土地资源和劳动力等生产要素，以市场方向为基准，成立企事业单位、经济合作机构，联合众多农民，使用先进农耕技术和设备，优化产业流程，完成耕种养殖、产业供销等，实现农民工业、商业整体营利，使得产业与农业市场协调统一，提升农村产业经济收益。而在西藏自治区，其区域生态优势并没有被发挥出来，资源潜力没有转换为商业优势，缺乏农业绿色主产业和特色农业管理体制，在创建农村龙头企业单位、开发农业产业市场、改善农业产品价值等方面存在不足，其传统的农业产业体制影响了农村农业的拓展和开发。

3.2.4 生产方式制约

（1）农户生活、生产的限制性。以往农业产业以家庭成员吃饱穿暖及脱贫奔小康作为最终目的，在发展农业产业的同时，我们需要保护生态环境，持续稳定地进行开发，实现绿色、多元的发展。目前西藏正处于由低水平农业向乡村产业转变的阶段，农业生产方式落后，资源利用效率低，环境问题特别突出，对个体生产生活的改进不可能立竿见影，需要各样元素辅佐促进，对农业产业运作模式的升级困难重重，当前西藏农牧民生产生活形式已变为制约农村产业拓展的重要因素。20 世纪末，西藏自治区农民收益成分构成呈现很大的变化，从农耕产业中得到的完全经济收益不断下降，1990 年家庭经营性收入占其总收入的 94.67%，至 2017 年下降为 55.52%，上述改变表现出生产作用水平的提升与外部环境开发程度的加深。城市、农村个体收益额差距持续拉大，不同个体的生产生活方式也不尽相同，这些都是发展难题。振兴农村产业，能够高效推动个体生产生活模式的改善。

（2）农户个人思想和基础技术约束。区内农民牧民综合素质不高是以往遗留问题也是实际现状，第六次全国人口数据显示，当地每 100 000 人中有大学文化水平的 5 507 人，4 364 人是高中学历水平，初中学历水平的为 12 850 人，小学学历水平的为 36 589 人，文盲率约为 41%，且具有中高等教育水平的居民大部分居住在城区。可想而知当地农牧民的受教育程度，在本质上影响农牧民发展和改造当地的能力，影响农业产业技术的应用水平和反馈。因此，提高农民素质是农村经济发展的重要体现，同时是落实农业产业先进化的有效保障。但是由于历史因素和小农经济的背景，农牧民对乡村产业的认识还非常有限。目前，西藏自治区文盲率仍然居高不下，2008 年全国人口抽样调查数据显示，西藏自治区文盲率高达 37.33%，并且女性文盲率达到 46.85%，而全国平均文盲率为 7.77%，西部地区平均文盲率也只有 10.39%。西藏当地每 100 人中具有高中及以上文化水平的人数是 5.07 人，为全国最低水平。该数据还不及北京市的 1/10，也不及西部地区平均数的 1/2，西藏自治区与全国或西部地区平均教育水平相差甚远。西藏农牧民素质普遍偏低，使其从事复杂劳动工作比较困难，这是推动西藏西藏自治区现代生态发展的最大障碍之一。

（3）发展农村产业关联“三农”严重现状。综合而言区域内农业产业开发的底子相对较差，处于低位，具体体现在农业产业基本环境恶劣、整体水平不高、产成品人均数额少、农户收益不高和产业外部环境严峻方面。在面临全面建成小康社会的关键时期，西藏需要推动农民牧民群体改善基础条件，为其提供各种保障，同时还要通过提高农民产业经济收益，稳健助力提高农户收益及区内效用，致力于处理“三农”相关现状。目前区内秉承社会主义新农村建设宏伟构想，包含了自然条件改善、乡村容貌建设、乡村基础设施建设、农民牧民生活条件改善及乡村授教，对农村开发提出更细致化的要求。第一，循环利用自然资源，完善农村自然生态保护机制；第二，建立农业产业系统，保护自然生态和作物的多样性，优化农村外部条件，建立优良农村生态体系，为居民提供安居乐业的娱乐场地；第三，提升收益农户个体收益，大力发展农村经济，鼓励农户个体参与经济建设，有效提高其收益。

（4）农业的弱质性影响农村产业开发。农业的弱质性表现为大件农产成品高同质性和进入壁垒低。农业产业作为初始开发产业和经济社会再兴产业，其生产方要面对极大的市场不确定性和自然灾害等。农户个体靠天吃饭特质严重，在致富脱贫和增加收益的同时又要面对激烈的外部市场竞争和自我提升难题。大部分农户个体依靠政府的补贴生活，不承担独立风险与严峻挑战，具有严重的弱质性。基于此，区内的农业产业发展只能借助外部力量推进，本书建议形成扶持农户的财政性策略，用来引导和扶持农户个体自主开发的“内部驱动力”。

4 西藏自治区现行财政政策及效应分析

4.1 西藏自治区特殊财政制度

我国是从1994年开始实施分税制财政管理体制的，1994年3月，西藏自治区紧密结合特殊区情，批转了自治区区财政厅《关于实行分税制财政管理体制的试行意见》(藏政发〔1994〕21号)，紧跟全国税制改革的精神，因地制宜实施政策。中共中央、国务院在第三次西藏工作座谈会议上强调了分税制的财政管理体制，明确给予西藏自治区一些特殊的税收政策和财政补贴政策，对税收实行从轻从简、适当变通和税收返还等优惠。

在税收政策方面，目前有增值税、企业所得税、个人所得税、资源税和车辆购置税等税种。从2001年起，西藏自治区除关税、进口环节的增值税和消费税全部上缴财政外，其他各项税费全部留成，对农牧业免征税。

在财政补助方面，中共中央、国务院召开第四次西藏工作座谈会议，明确对西藏自治区实行“核定基数、定额递增、专项扶持”的财政补贴政策，以进一步促进西藏自治区经济的快速发展。除继续实行对于少数民族的一些转移支付政策外，国家还适当增加了对西藏自治区的定额补助，并逐年递增。目前，中央向西藏的财政补贴可分为三类，即体制补助、固定专项补助和临时专项补助，和其他地区相比，中央给予西藏自治区的财政补助政策稍有倾斜，从2000年起，转移支付政策的补贴费用在逐年增加。据统计，在1996年，中央给西藏自治区的财政补助是31.21亿元，到2017年增长到1 510.76亿元，年均增长70.45%。至2017年，中央对西藏自治区的直接投资已累计超过10 200亿元，还安排了一系列有益于西藏社会经济长远发展和人民安居乐业的项目，如公路、铁路、机场、通信、能源等一批重点项目建设等，这些极大地改善了西藏自治区农牧民的生活与生产环境，对西藏自治区经济的快速发展也起到了强有力的推动作用。在此期间，国家从各个对口单位选拔一些优秀的干部进藏援助，助推各个项目的顺利开展，对西藏自治区的经济、教育发展起到了极大的推动作用。

近年来，西藏的经济发展步入一个崭新的阶段，这和中央财政补助政策密切相关。尤其自 2005 年以来，西藏自治区财政收入出现大幅增长，至 2017 年西藏财政总收入达到 1 769. 87 亿元，但地方财政收入仅有 259. 11 亿元，仅占其总收入的 14. 64%，其余 85. 36%均依靠中央财政转移支付实现。可见，西藏自治区是我国目前最典型的中央财政支持型地区之一，其地方财力远远不能满足其经济社会快速发展的需要。1996—2017 年西藏自治区财政收支简表如表 4-1所示。

表 4-1　1996—2017 年西藏自治区财政收支简表

（单位：亿元）

年份	项目				
	总收入	地方财政收入	一般预算收入	国家财政补助收入	总支出
1996	33. 65	2. 44	2. 41	31. 21	38. 12
1997	38. 70	3. 83	2. 95	34. 87	39. 10
1998	45. 98	4. 43	3. 64	41. 55	46. 20
2002	139. 88	8. 73	7. 31	131. 15	139. 89
2003	138. 79	10. 03	8. 15	128. 76	148. 20
2004	147. 95	11. 99	10. 02	135. 97	136. 07
2005	205. 87	14. 33	12. 03	191. 53	189. 16
2006	222. 90	17. 27	14. 56	200. 79	202. 30
2007	310. 13	23. 14	20. 14	280. 41	279. 36
2008	386. 44	28. 59	24. 88	357. 86	384. 02
2009	501. 86	30. 91	30. 09	470. 95	470. 95
2010	567. 65	42. 47	36. 65	530. 10	562. 58
2011	778. 78	64. 53	54. 76	714. 25	775. 68
2012	899. 93	95. 63	86. 58	804. 3	933. 97
2013	1 012. 91	110. 42	95. 02	902. 49	1 049. 06
2014	1 199. 62	164. 75	124. 27	1 034. 87	1 240. 27
2015	1 507. 00	175. 83	137. 13	1 331. 17	1 424. 82
2016	1 578. 70	206. 75	155. 98	1 371. 95	1 644. 52
2017	1 769. 87	259. 11	185. 83	1 510. 76	1 768. 31

数据来源：《西藏统计年鉴 2018》。

4.2 西藏自治区现行财政政策

4.2.1 中央对西藏自治区实施的财政补助政策

西藏自治区通常把中央的财政补助作为平衡西藏自治区财政收支差距的一项转移性支付，具体补助政策主要有：

（1）中央给予西藏自治区弥补财政收支缺口的补助。西藏自治区地方当年财政收入若不能抵消当年财政支出，则由中央财政给予补助，以弥补地方财政收支缺口。目前，西藏自治区全区 85.36%以上财政支出依靠中央财政补贴，地方财政自给率很低。西藏自治区从中央财政获得的补助包括一般预算补助和专项补助两大类。一般预算补助是由地方政府自行支配使用，主要包括体制补助、过渡期转移支付补助、结算补助和税收返还等，又称无条件转移支付。专项补助又被称为条件性转移支付，是中央政府明确资金的具体用途，实行专款专用，并要求西藏自治区地方财政按一定比例配套。一般预算补助、专项补助和西藏自治区地方财政收入一同构成西藏财政的总收入。

（2）中央给予民族地区的特殊补助。从 1980 开始中央给予民族地区更多财政补助照顾。西藏自治区地区确定其补助定额是以 1979 年全区财政收支预算执行数为基数，以后按每年 10%的比例递增。此项政策一直持续到 1988 年，中央取消了对民族地区的定额递增 10%的规定，改为按 1987 年的实际收支基数进行定额补助，这项政策已在西藏自治区、云南、贵州、青海等少数民族地区执行。

（3）中央给予西藏自治区的单独特殊补助。中央考虑到西藏自治区的特殊区情，决定以专项补助款的形式进行划拨，即在预算包干基数（固定补助）外增加特殊补助。1980—1997 年，中央给予西藏自治区的单独特殊补助已累计 55.8 亿元。该项补助包括支援不发达地区资金和边境建设补助费等。

（4）中央给予西藏自治区特殊优惠政策。中共中央、国务院在第五次西藏工作座谈会明确提出，对西藏继续实行补助递增、专项补助、收入仍保留的财政政策，中央计划该期间对西藏自治区的财政补助将达到 2 124 亿元。这说明，中央对于维护社会稳定、扶持西藏自治区经济建设和提升人民生活水平的力度处一个新台阶。

总体而言，中央对西藏自治区的财政补助逐年递增，而且增长幅度较快，这些补助政策对西藏自治区农牧区社会经济发展和农牧民持续增收起到了一定作用。

4.2.2 西藏自治区财政支农政策

西藏自治区公共财政体制及各部门都发挥了积极的调控职能，逐渐加大对“三农”的财政补贴力度，并取得了良好的扶持效果。关于西藏的具体财政支农政策，根据《2010年西藏财政工作报告》可归纳为以下几点：一是制定了有利于农牧业特色发展的政策措施，极大地促进了农牧区经济结构的调整；二是为加快农牧区水利、道路等基础设施建设，改善农牧区生产条件，制定了一些农业政策措施；三是制定了一些生活措施，改善了农牧民生活条件，如支持农牧民住房改造、配置家用太阳能灶等；四是为增强农牧区防病抗灾能力，制定了农牧区防灾抗灾和牲畜疫情防治等政策措施；五是为增加农牧民收入，制定粮食补贴，良种、农机、化肥补贴和退耕还林还牧还草补贴等政策措施。西藏自治区对于农牧民的补贴分为直接补贴和间接补贴，具体内容如下。

4.2.2.1 财政扶持农牧业生产的直接补贴

西藏自治区每年都会从财政的预算中安排一部分支持农牧业发展的专项直补资金。例如，在2010年，西藏自治区财政共安排22.4亿元落实粮食直补资金、农机具购置补贴、良种补贴和畜禽出栏补贴等；还增设了奖励基金，如农业基层干部和技术人员奖励基金等；实行了农牧民人均纯收入增长情况与乡村干部和农业科技工作者的业绩考核挂钩政策，极大地支持了农牧业的发展。具体政策有：

（1）农作物良种推广补贴。西藏自治区对青稞、油菜和马铃薯良种进行补贴，补贴标准为每亩10元，对其他粮食作物如小麦、玉米等良种每亩补贴45元。

（2）种粮农民直接补贴。西藏自治区按实际播种面积进行补贴，每亩青稞、小麦、水稻、玉米的补贴标准为15元。

（3）种粮农民农资综合补贴。西藏自治区对农资的补贴是以2005年核定的播种面积为标准，每亩补贴15元，并按此兑现。

（4）农业机械购置补贴。西藏自治区按照招标价格对拖拉机、农畜产品加工等农业机械购置补贴30%；不足5万元的按照自治区招标价格计算补贴资金，最高单机补贴上限为5万元；对购买台数也有相应的规定，每个申购单位最多只能申购一台主机及其配套的相关耕、播、收等机具。

（5）牲畜良种补贴。西藏自治区对牲畜良种按照实际成本价的30%给予补贴，每头能繁殖的母猪补贴100元；每头改良黄牛（奶牛）补贴100元，对牦牛犊良种每头补贴60元，对改良绵羊每只补贴60元。

（6）农药补贴。西藏自治区根据农药计划和农药品种类实施政府采购，然后分发给农户。采购资金由自治区财政、农户和地（市）县财政分别承担45%、40%和15%。

（7）农畜病防治补贴。西藏自治区对羊、牦牛、黄牛、奶牛、耕牛和猪等家畜W病防治进行补贴，对饲养员的疫苗防治经费实行全免费，中央财政和自治区财政分别承担80%和20%。扑杀经费由财政补助和饲养户分别承担80%和20%。

（8）设立特色农牧产业发展基金。西藏自治区在每年财政预算中根据产业发展规划安排一定比例的产业发展基金，以扶持特色产业发展。例如，2010年西藏自治区财政安排产业发展基金5亿元，其中农牧业特色产业发展基金为1亿元。至2010年年底，全区特色农牧业产业发展基金已累计7亿元，该基金在扶持和推动西藏自治区特色农牧产业发展、促进经济结构优化和帮助农牧民脱贫致富等方面发挥了积极作用。

（9）鼓励产业进步，给予研发资金补助。西藏自治区为促进产业发展，专门设立了产业研发补助资金，根据产业发展规划从当年财政预算中列支扶持新产业开发和项目补助资金。例如，2010年西藏自治区财政安排实用技术研发资金11 000万元，有效地支持了金太阳、金牦牛、藏药科技等135个重点科技攻关项目；另安排落实专项资金15 000万元，专门用于新农产品开发和支农产业发展等，有效地提升了农牧区经济社会发展潜力和加快了西藏自治区现代高科技农业开发进程。

4.2.2.2 财政用于改善乡村生态环境的直接补贴

从西藏自治区财政每年列支的生态建设专项资金可以发现，西藏自治区的生态问题已受到普遍重视和广泛的关注。西藏自治区每年都会安排一些专项资金，专门用以完善草原生态建设和保护奖励机制兑现等；划拨一部分资金用于森林生态效益补偿、重点区域生态公益林建设及退耕还林（草）补助等；用财政资金积极发展清洁性能源建设和污染物减排及监测工作等。这些措施都为农牧民的增收和创造良好的生态环境打下了坚实的基础。具体政策有：

（1）农牧民安居工程补助。西藏自治区财政对各地（市）列入计划的农牧民安居工程户进行补助。农房改造和游牧民定居补助标准分别为1万元/户、15万元/户；扶贫搬迁分为绝对贫困户和其他贫困户，分别补助25万元/户和12万元/户；地方病区群众搬迁补助标准为25万元/户；另外，地（市）财政对农牧民安居建房贷款实行 3 年贴息的财政补助优惠政策。

（2）退耕还林还草工程补助。西藏自治区对生态林、经济林、还草的第一轮补助年限分别为 8 年、5 年、2 年，每年每亩现金补助标准为 20 元，每年粮食折现补助为每亩 210 元；对生态林、经济林、还草的第二轮补助年限分别为 8 年、5 年、2 年。

（3）退牧还草饲料粮（陈化粮）折现补助。退牧还草的饲料粮补助期限为 10 年。饲料粮（陈化粮）供应标准为禁牧 5.50 斤/亩，休牧 1.38 斤/亩；粮食折现补助标准为禁牧 2.48 元/亩，休牧 0.62 元/亩。

4.2.2.3 财政用于乡村公共服务和环境建设的间接补贴

近年来，西藏自治区的财政不断加大对农牧区基础设施建设的投资力度，从而扩大公共产品服务领域的保障能力，不断完善基层农牧区的基础设施条件。例如，2010 年，西藏自治区财政基本建设资金投入为 146.87 亿元，以用于推进“双百”市场工程、“万村千乡市场”和“新网工程”项目等的建设，该项资金投入较上年增加 16.68 亿元，增幅为 12.8%，使农牧区的消费市场及城乡的物流体系得到进一步的发展和完善；同时，又筹集资金 18.18 亿元，以加快和重点推进农村的道路、水电、广电等基础设施的建设，大大改善了基层人员的饮水安全和农牧民的生产生活用电问题。另外，西藏自治区财政又将部分资金投入防汛抗旱及一些小型的农田水利建设项目，专门用于农田水利毁损设施的修复和重建等。当前，西藏自治区财政用于农村公共服务及环境建设的项目主要有：

（1）农村工程沼气薪柴替代项目。2008 年以前，西藏自治区沼气建设计划项目上国家补助 3 000 元/户，分别为中央财政补助 2 200 元/户，西藏自治区财政补助 600 元/户，地（市）、县（区）分别补助 100 元/户。自 2009 年起，西藏自治区沼气建设计划项目上中央财政补助增加到 3 000 元/户，从而国家补助标准提高到 3 800 元/户。

（2）现金扶持大中型水库农村移民。从搬迁之日，西藏自治区补贴移民每年 600 元/人，扶持年限为 20 年。

（3）农村公共服务财政保障机制的建立和完善。西藏自治区补贴每人每年平均 60.32 元（边境县另外增加 30%），具体每年人均分项标准为科技服务费 12.4 元（农牧业病虫害监测、预防服务费 3.7 元，农村种植业、养殖业、畜牧业技术服务费 5 元，科技指导推广应用、科普宣传、防灾救灾抗灾技术指导服务费 3.7 元），农机补助费 2.7 元，畜禽疫病防治服务费 5 元，水电运行服务费 3.5 元，广播电视服务费 3.5 元，村村通广播电视服务费 5.56 元，公共信息服务费 1 元，乡村医疗和疾病控制服务费 8. 6 元，乡村医生误工补助费 0. 6 元，文化体育服务费 4. 3 元，乡村公路养护经费 13. 16 元。

（4）平安西藏保障经费。为加快平安西藏建设，促进社会局势繁荣稳定，西藏自治区按照总人口数设立保障经费，标准为 2 元/人。

4. 3　西藏自治区现行扶持乡村发展税收政策

4. 3. 1　所得税优惠政策

（1）税率优惠。自 2001 年起，西藏自治区本土的农牧企业可以按照 15%的企业所得税优惠税率执行；外商在藏投资的各类生产性企业，自获利年度起，按照 10%的企业所得税税率执行；在西藏自治区设立分支机构和场所的区外经营机构，有取得来自本区的租金、利息、股息和特许权使用费及其他收入所得的，均按照 7%的税率执行收企业所得税。

（2）促进民族手工业发展的优惠政策。对于围裙、氆氇、木碗、藏被、酥油桶、马鞍具等手工制作的民族手工业品及与农牧民生产和生活密切相关的其他器具用品，各地（市）税务局提出详细意见申请报西藏自治区税务局审核，西藏自治区政府审批通过后可暂免征收所得税。

（3）支持农牧区第三产业发展的优惠政策。对于在农牧区开展科技推广、修配等社会服务的活动，西藏自治区暂免征收所得税；对于农牧民在农牧区从事旅游接待服务项目（主要指旅游餐饮、住宿、畜力运输等，不包括机动车辆旅游运输服务），西藏自治区暂免征收所得税；对于新兴旅游项目或新办的旅游企业，自开业之日起，西藏自治区在 5 年内免征企业所得税。

（4）扶持乡镇企业发展的优惠政策。在西藏自治区农牧区内，从事生产经营活动的乡镇企业取得的收入，自取得收入之日起，西藏自治区 5 年内免征企业所得税，5 年后再按 15%税率计征所得税。

（5）推进农业产业化经营的优惠政策。在西藏自治区新办的龙头企业和农业产业化项目，可享受乡镇企业的各项优惠政策，区外企业参与到区内的农业产业化经营活动可享受西藏自治区招商引资的各项税收政策优惠。

4. 3. 2　增值税优惠政策

根据西藏自治区国税局提供的资料，西藏自治区在扶持农牧业经济发展等方面主要有以下增值税优惠政策：

（1）农牧民、乡镇企业、农村供销社在农牧区销售货物（粮油、农资生产资料等）或者从事应税劳务所得的收入免征增值税。

（2）销售民茶所得收入免征增值税。

（3）对从事垃圾、污染物处理所获得的收入免征增值税；对销售自产的以建（构）筑废物和煤矸石等为原料生产的建筑沙石骨料所得收入免征增值税；对以农林废旧物资进行综合生产利用所获取的产品（劳务）收入，可享受增值税即征即退等优惠政策。

4.3.3 其他税收优惠政策

（1）土地增值税。西藏自治区政府在《关于贯彻中华人民共和国土地增值税暂行条例的通知》基础上规定：对于县所在地（不含工矿区、行署所在地）和农牧区单位及个人转让房地产所取得的收入，以及地（市）所在地的农牧民转让宅基地所取得的收入免征土地增值税。

（2）资源税。西藏自治区政府于 1994 年 1 月 1 日出台《西藏自治区资源税暂行办法》，主要内容包括：一是林区农牧民采伐木材自用的，由当地乡（镇）政府出示自用证明，经主管的税务机关审核后，可免征资源税；二是销售薪材和下脚的废料可免征资源税；三是对农牧民（含盐民）开采井盐和湖盐免征资源税。

（3）耕地占用税。根据《中华人民共和国耕地占用税暂行条例》和西藏自治区财政厅《关于耕地占用税几个问题的补充规定》，西藏自治区农牧业生产服务的水利设施建设的直接用地，可免征耕地占用税。

（4）印花税。对于村委会、农牧民书立的国家指定收购部门的农产品收购合同，免纳印花税，对于农牧业生产经营方面的保险合同免纳印花税。

4.4 西藏自治区扶持乡村发展财政政策变动格局

西藏自治区历年都非常重视农业发展，其财政支农的力度也在逐年加强。在经济发展的不同阶段，尤其是在经济的转型时期，西藏自治区财政支农政策呈现了变动格局。

4.4.1 财政政策总体变动格局

本书通过对近 20 年来西藏自治区财政支农数据的对比分析（详见表 4-2），

总结出西藏自治区财政支农总体的变动特征。

（1）绝对量出现明显增长，相对增长量比较平稳。由表 4-2、图 4-1 可知，西藏自治区财政支农总量增长较快，但支农支出在总财政支出的占比出现下降趋势。西藏自治区财政支农总量从 1997 年的 3. 25 亿元增加到 2017 年的 238. 09 亿元，年均以 11. 74 倍的速度增长，绝对量出现较快增长。而相对量从 1997 年西藏自治区财政支农支出占当年财政总支出比重的 8. 31%上升到 2017 年的 14. 05%，财政支农支出相对量增长平缓。但从财政支出占实现 GDP 比重来看，近年来有明显增长趋势（详见表 4-2、表 4-3 和图 4-1）。这对以农牧业为主的西藏自治区而言，其财政支农力度还需要进一步提升。

表 4-2　近 20 年来西藏自治区财政支农支出数据

年份	项目						
	财政支农支出（绝对数，亿元）	增速（%）	财政支农支出（相对数）		农业增加值增速（%）	财政总支出增速（%）	财政总收入增速（%）
			占财政总支出比重（%）	占农业增加值比重（%）			
1997	3. 25	—	8. 31	11. 12	—	—	—
1998	4. 30	32. 31	9. 31	13. 71	7. 32	18. 16	18. 81
1999	7. 33	70. 47	13. 47	21. 40	9. 18	17. 79	36. 43
2000	8. 01	9. 28	13. 00	22. 01	6. 25	13. 21	11. 46
2001	14. 11	76. 15	13. 29	37. 59	3. 16	72. 39	45. 68
2002	22. 94	62. 58	16. 40	57. 71	5. 89	31. 71	37. 33
2003	19. 57	-14. 69	13. 21	48. 08	2. 39	5. 94	-0. 78
2004	20. 93	6. 95	15. 38	47. 25	8. 85	-8. 18	6. 61
2005	25. 05	19. 68	13. 24	52. 14	8. 44	39. 02	39. 14
2006	24. 95	-0. 40	12. 33	49. 02	5. 95	6. 95	5. 92
2007	40. 31	61. 56	14. 43	73. 44	7. 84	38. 09	39. 22
2008	62. 87	55. 97	16. 37	103. 71	10. 44	37. 46	27. 30
2009	84. 71	34. 74	17. 98	132. 61	5. 38	22. 68	29. 87
2010	89. 11	5. 19	15. 84	129. 67	7. 58	19. 41	14. 27
2011	126. 18	50. 99	17. 35	180. 68	8. 37	37. 88	35. 80
2012	144. 03	12. 07	16. 15	187. 60	7. 94	20. 41	15. 56
2013	148. 79	4. 49	15. 02	186. 07	5. 35	12. 32	12. 55
2014	168. 74	9. 66	13. 93	188. 54	8. 22	18. 23	18. 43
2015	200. 27	20. 08	14. 56	211. 62	6. 98	14. 88	25. 62
2016	243. 28	21. 48	15. 33	217. 68	18. 09	15. 42	4. 76
2017	238. 09	-1. 42	14. 05	202. 46	5. 99	7. 53	12. 11

表 4-3　近 20 年来西藏自治区地区生产总值、农业增加值、财政总支出数据

年份	项目				
	西藏自治区地区生产总值（亿元）	农业增加值（亿元）	农业增加值占地区生产总值比重（%）	财政总支出（亿元）	财政支农支出占地区生产总值比重（%）
1997	77.24	—	37.84	39.10	50.62
1998	91.5	31.37	34.28	46.2	50.49
1999	105.98	34.25	32.32	54.42	51.35
2000	117.8	36.39	30.89	61.61	52.30
2001	139.16	37.54	26.98	106.21	76.32
2002	162.04	39.75	24.53	139.89	86.33
2003	185.09	40.7	21.99	148.2	80.07
2004	220.34	44.3	20.11	136.07	61.75
2005	248.8	48.04	19.31	189.16	76.03
2006	290.76	50.9	17.51	202.3	69.58
2007	341.43	54.89	16.08	279.36	81.82
2008	394.85	60.62	15.35	384.02	97.26
2009	441.36	63.88	14.47	471.13	106.75
2010	507.46	68.72	13.54	562.58	110.86
2011	606.13	74.47	12.29	775.68	127.97
2012	701.65	80.38	11.46	933.97	133.11
2013	816.57	84.68	10.37	1 049.06	128.47
2014	921.73	91.64	9.94	1 240.27	134.56
2015	1 027.43	98.04	9.54	1 424.82	138.68
2016	1 151.41	115.78	10.06	1 644.52	142.83
2017	1 310.92	122.72	9.36	1 768.31	134.89

数据来源：《西藏统计年鉴 2018》。

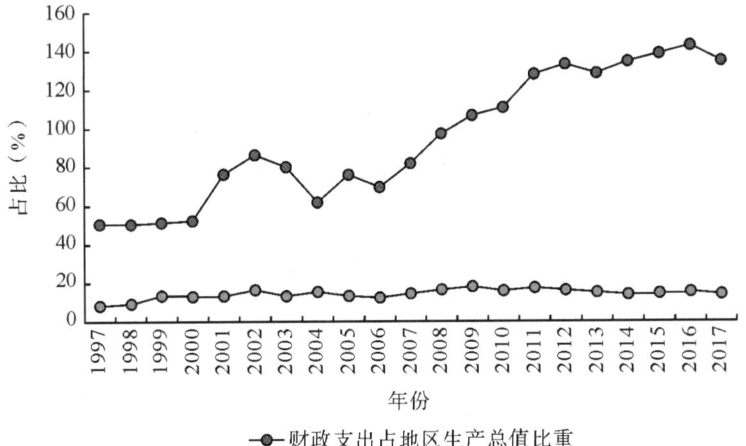

图 4-1　西藏财政支出占地区生产总值比重与财政支农占总支出比重对比图

（2）财政支农支出在农业增加值中的占比上升，而在西藏自治区地区生产总值中，农业贡献下降。1997 年西藏自治区财政支农支出占农业增加值比重为 11. 12%，到 2017 年该比例已达到 202. 46%（见表 4-2），而 1997 年西藏自治区农业增加值占西藏自治区地区生产总值的比重为 37. 84%，至 2017 年该比例下降为 9. 36%（详见图 4-2）。可见，农业对西藏自治区地区生产总值的贡献作用不大。这一方面说明财政支农支出虽在增长，农业的弱质性和资金投向渠道的不突出性等导致财政支农资金没有发挥出很大的效益；另一方面也说明西藏自治区农牧业经济发展基础的长期薄弱性，使得有限的财政资金投入很难在短期内找准快速增长的突破口，这对西藏自治区农牧民持续增收来说是一个难题。但是目前农业的基础地位和功能性作用仍需要财政加大扶持力度，随着全区产业结构不断优化升级和农业产业化发展步伐加快，财政支农的效益性将会得到全面提升。

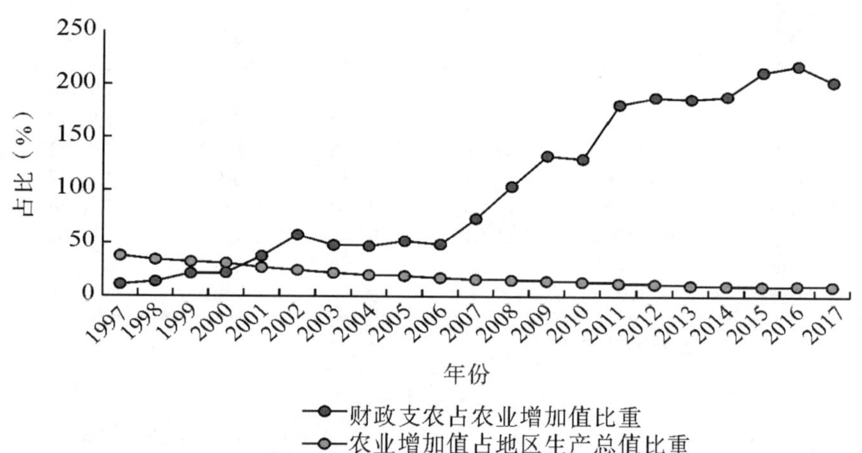

图 4-2　西藏自治区财政支农占农业增加值比重和农业增加值占地区生产总值比重对比图

（3）依赖中央财政转移支付，地方财政对农业发展保障力不足。近 20 年来，西藏自治区财政支出不断变化，增速变化较大，其增长幅度不稳定（见图 4-3），主要是依赖中央财政转移支付的程度过高所造成。目前，西藏自治区一些大型工程和项目建设等多依赖于中央财政转移支付和各项援助等，之所以表现出忽高忽低的增长速度，是因为地方财政保障能力不足，即使在中央财政转移支付和各项援藏政策的支持下，西藏自治区农牧业发展仍表现为相对滞缓，即当前财政支农对挖掘和提升西藏自治区农业经济发展的活力和潜力不够。

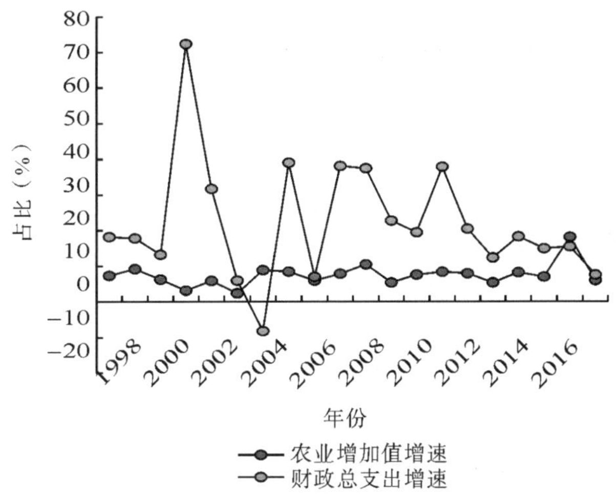

图 4-3　西藏自治区农业增加值增速与财政支出增速对比图

（4）财政支农增长的稳定性比财政收入增长的稳定性低。对西藏自治区1997—2017 年财政支农的增速与财政收入增速进行对比分析，我们可以看出，财政支农增长的稳定性比财政收入增长的稳定性低。在该期间西藏自治区财政支农增速最高值可达到 76. 15%，而在 2003 年、2006 年和 2017 年中却出现负增长，其最低值发生在 2003 年，增速为-14. 69%。该期间其财政收入增速最高值达到 45. 68%，最低值为-0. 78%，其变化幅度小于财政支农变化幅度（见图 4-4）。这说明相对于财政收入增长，西藏自治区财政支农增长的稳定性较差，即现行财政支农政策还存在许多不确定因素。

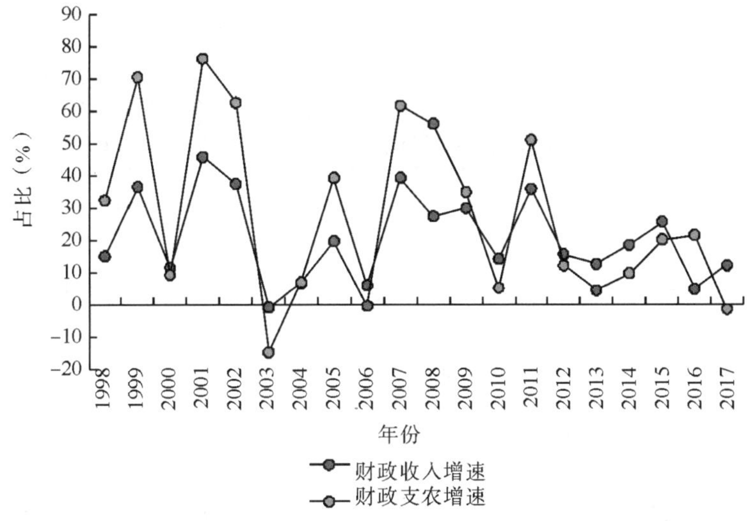

图 4-4　西藏财政收入增速与财政支农增速对比图

4.4.2 财政政策分项变动格局

当前，西藏自治区财政支农项目主要包括支援农业生产支出、农业扶贫开发、事业费支出、农业基本建设支出、农业科技三项费用支出和农村救济费等。其中在财政支农中占比最大的是农业生产支出，在2017年占比为29.14%；其次是农业扶贫开发和农村救济费，在2017年占比分别为28.19%、27.59%；而事业费支出、农业基本建设支出和农业科技三项费用等所占比例较小，在2017年占比分别为14.00%、17.35%和2.13%（详见表4-4）。

（1）财政支农分项总量变动情况。1997—2017年，西藏自治区财政支农总量由3.25亿元增加到248.46亿元，增长75.45倍。从其绝对量来看，首先增长量最大的是农业生产支出，20年净增量70.98亿元；其次是农业扶贫开发，净增量为69.47亿元；增长量最小的是农业科技三项费用支出，20年净增量5.18亿元。从相对量来看，增幅最大的是农村救济费，年均增幅为35.83%；然后是农业基础建设支出，年均增幅为29.14%；增加幅度最小的是事业费支出，年均增幅是16.90%。这表明，西藏自治区对农业发展的领域有所侧重，比较倾向于农村救济费、农业基础建设支出等方面，这有益于全区农牧民持续增收和提升增收潜力。

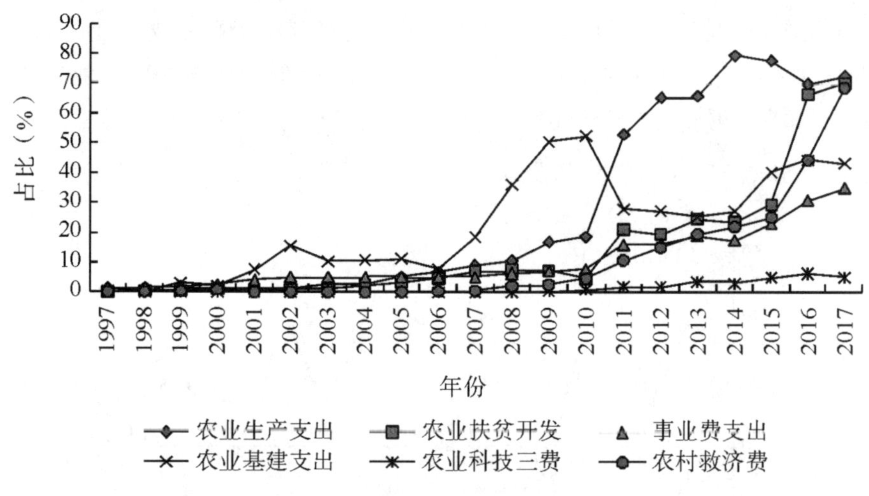

图4-5 1997—2017年西藏自治区财政支农分项支出变化图

（2）财政支农支出的分项结构变动情况。对西藏自治区财政支农支出近20年的各分项所占比例结构变化进行对比分析，首先是财政资金用于农村救济费变动幅度最大且呈逐年上升趋势，即由1997年的3.38%上升到2010年的

表 4-4 西藏自治区财政支农支出明细表

年份	财政支农支出	1. 农业生产支出		2. 农业扶贫开发		3. 事业费支出		4. 农业基础建设支出		5. 农业科技三项费用支出		6. 农村救济费	
		数值（亿元）	占比（%）	数值（亿元）	占比（%）	数值（亿元）	占比（%）	数值（亿元）	占比（%）	数值（亿元）	占比（%）	数值（亿元）	占比（%）
1997	3. 25	1. 42	43. 693	—	—	1. 38	42. 463	0. 23	7. 08	0. 11	3. 38	0. 11	3. 38
1998	4. 30	1. 57	6. 511	0. 56	13. 0	1. 53	5. 582	0. 37	8. 60	0. 12	2. 79	0. 15	3. 49
1999	7. 33	1. 42	9. 37	0. 67	29. 14	1. 78	4. 28	3. 08	42. 02	0. 12	1. 64	0. 26	3. 55
2000	8. 01	1. 34	16. 73	0. 89	11. 11	2. 73	34. 08	2. 17	27. 09	0. 10	1. 25	0. 78	9. 74
2001	14. 11	1. 27	9. 00	0. 86	6. 09	4. 20	29. 77	7. 66	54. 29	0. 03	0. 21	0. 09	0. 64
2002	22. 94	1. 25	5. 45	1. 09	4. 75	4. 87	21. 23	15. 48	67. 48	0. 15	0. 65	0. 10	0. 44
2003	19. 57	2. 81	14. 36	1. 19	6. 08	4. 90	25. 04	10. 35	52. 89	0. 21	1. 07	0. 11	0. 56
2004	20. 93	2. 66	12. 71	2. 35	11. 23	5. 17	24. 70	10. 63	50. 79	0. 03	0. 14	0. 09	0. 43
2005	25. 05	5. 13	20. 48	3. 37	13. 45	5. 05	20. 16	11. 23	44. 83	0. 07	0. 28	0. 20	0. 80
2006	24. 95	6. 67	26. 73	4. 86	19. 48	5. 14	20. 60	7. 87	31. 54	0. 08	0. 32	0. 33	1. 32
2007	40. 31	8. 98	22. 28	7. 11	17. 64	5. 12	12. 70	18. 44	45. 75	0. 07	0. 17	0. 59	1. 46
2008	62. 87	10. 72	17. 05	7. 45	11. 85	6. 41	10. 20	36. 00	57. 26	0. 15	0. 24	2. 14	3. 40
2009	84. 71	16. 78	19. 81	7. 33	8. 65	7. 11	8. 39	50. 63	59. 77	0. 31	0. 37	2. 55	3. 01
2010	89. 11	18. 53	20. 79	4. 69	5. 26	7. 85	8. 81	52. 40	58. 80	0. 97	1. 09	4. 67	5. 24
2011	134. 55	52. 84	39. 27	20. 89	15. 52	15. 99	11. 88	27. 88	20. 72	1. 94	1. 44	10. 76	8. 00
2012	150. 79	65. 27	43. 29	19. 51	12. 94	16. 17	10. 72	27. 22	18. 05	1. 81	1. 20	15. 08	10. 00
2013	157. 56	65. 76	41. 74	24. 52	15. 56	18. 99	12. 05	25. 37	16. 10	3. 73	2. 37	19. 48	12. 36
2014	172. 78	79. 39	45. 95	23. 58	13. 65	17. 40	10. 07	27. 23	15. 80	3. 25	1. 88	21. 93	12. 69
2015	207. 47	77. 63	37. 42	29. 46	14. 20	22. 95	11. 06	40. 31	19. 43	4. 99	2. 40	25. 09	12. 10
2016	252. 03	69. 75	27. 68	66. 15	26. 25	30. 79	12. 22	44. 37	17. 60	6. 38	2. 53	44. 31	17. 58
2017	248. 46	72. 40	29. 14	70. 03	28. 19	34. 78	14. 00	43. 10	17. 35	5. 29	2. 13	68. 55	27. 59

数据来源：根据西藏历年财政决算资料整理。

27.59%。其次是农业扶贫开发，所占比例结构由1998年的13.02%上升到2017年的28.19%。其余项目则有不同程度下降，其中农业基础建设支出降幅最大，即由2002年的67.48%下降到2017年的17.35%；其他一些支出项目，如农业科技三项费用支出所占比例结构基本平稳（详见表4-4、图4-6、图4-7）。这是因为随着西藏自治区社会主义新农村建设的推进，全区财政对农村公共基础设施投入力度不断加大，而用于一些农业生产性投入和事业费支出则发挥了"财政主导、农户主体、社会参与"作用。所以，财政对该部分的投入比例有所下降。目前，财政资金在农业扶贫开发、科技三项费用支出和农村救济费等方面的作用仍较为明显，这在保护农业生态环境、促进农业科技推广和防范农业经营风险及保障农牧民基本生产生活等方面具有重要作用。

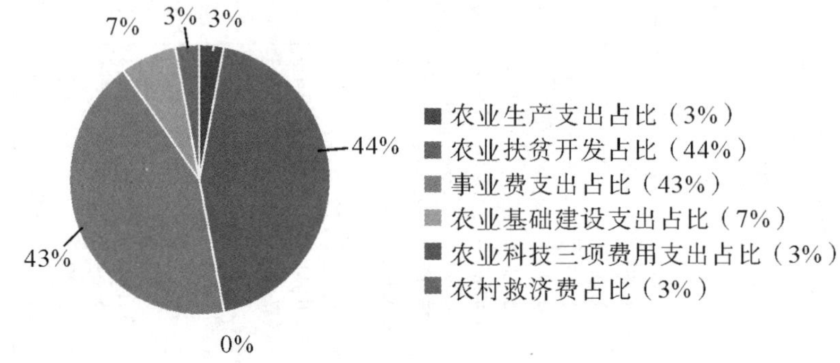

图4-6　1997年西藏自治区财政支农支出结构图

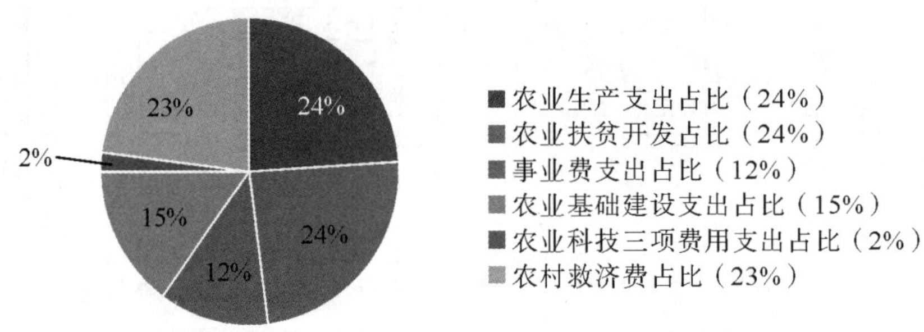

图4-7　2017年西藏自治区财政支农支出结构图

4.5 西藏自治区财政政策效应分析

西藏自治区是一个以农牧业为主的少数民族聚集地，农牧业在乡村经济发展中具有举足轻重的战略地位与基础作用。常年以来，西藏自治区政府一直十分重视农牧业的生产和发展，各级财政部门在不断加强对农牧业的投入和扶持力度，对广大农牧民的生产与生活条件有一定的改善和提升，也促进了西藏自治区社会主义新农村建设，对西藏自治区的和谐与稳定及农村社会经济全面发展起到积极的作用。

改革开放之后，西藏自治区财政在资金紧张的情况下，依然不断加大对农牧业的投入和扶持力度，对农牧业经济的发展和持续增收等起到积极的作用。但随着经济的快速发展，西藏自治区农牧业的发展速度仍比较缓慢，这与构建和谐新西藏的战略愿望、全面建成小康社会目标相差较远。在此，本书建立数据模型进一步分析西藏自治区财政支农支出与农牧业经济发展之间的效应关系。为了反映西藏自治区财政支农支出和农牧业经济发展之间的效应关系，本书根据 1998—2017 年西藏自治区的有关数据，做农业增加值（AGDP）与财政支农支出（FEA）之间的关系散点图（详见图 4-8），可以发现二者基本呈线性相关。由此，本书建立农业增加值 AGDP 增长与财政支农支出 FEA 的回归模型如下：

$$\text{LnAGDP} = c + b * \text{LnFEA} + \mu \tag{4-1}$$

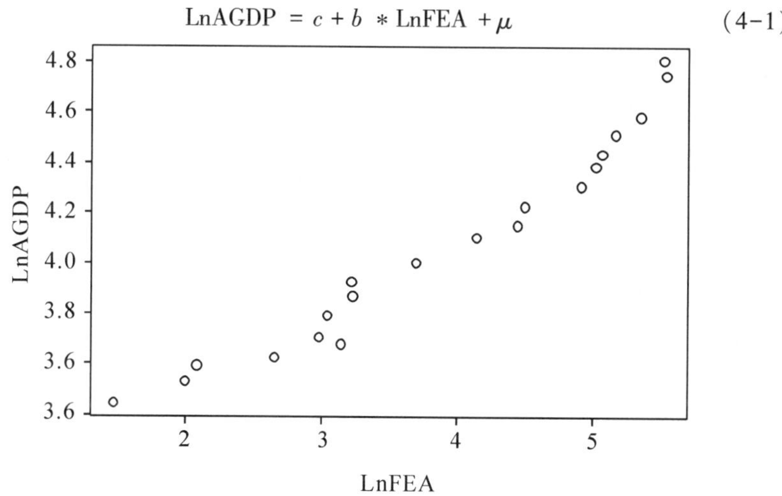

图 4-8　西藏农业增加值增长与财政支农支出关系散点图

根据 1998—2017 年西藏自治区的有关数据资料，本书利用 R 软件进行分析，结果如下：

Call：

lm (formula = log (AGDP) ~ log (FEA))

Residuals：

Min	1Q	Median	3Q	Max
-0.160 69	-0.062 02	-0.020 60	0.057 12	0.202 52

Coefficients：

	Estimate	Std. Error	t value	Pr (>|t|)
(Intercept)	2.838 53	0.070 06	40.51	< 2e-16 * * *
log (FEA)	0.320 72	0.017 31	18.52	3.6e-13 * * *

Signif. codes：0 ' * * * ' 0.001 ' * * ' 0.01 ' * ' 0.05 '.' 0.1 ' ' 1

Residual standard error：0.096 04 on 18 degrees of freedom

Multiple R-squared：0.950 2，Adjusted R-squared：0.947 4

F-statistic：343.2 on 1 and 18 DF，p-value：3.601e-13

模型的可决系数 $R^2=0.9502$，模型的拟合优度较高。回归系数的 t 检验的 p 值均为 0.000 0，表明模型的回归系数很显著。回归方程的 F 检验的 p 值为 0.000 0，说明方程的整体显著性通过。模型的 DW 检验值为 0.542 3，小于 DW 检验下界值 [d_L (20, 1) = 1.201]，这表明模型至少存在一阶正自相关性。为进一步确定模型自相关性的阶数，对模型进行拉格朗日乘数检验（LM 检验），检验结果（二阶）如下：

Breusch-Godfrey test for serial correlation of order up to 2

data：log (AGDP) ~ log (FEA)

LM test = 8.541 9, df = 2, p-value = 0.013 97

二阶 LM 检验对应的辅助回归模型的结果为：

Call：

lm (formula = e [t] ~ log (FEA) [t] + e [t-1] + e [t-2])

Residuals：

Min	1Q	Median	3Q	Max

−0. 109 538　−0. 054 852　0. 008 882　0. 053 097　0. 096 119

Coefficients：

	Estimate	Std. Error	t value	Pr（>｜t｜）
(Intercept)	−0. 062 86	0. 068 56	−0. 917	0. 374 73
log（FEA）[t]	0. 015 95	0. 016 39	0. 973	0. 346 96
e [t−1]	0. 901 80	0. 276 39	3. 263	0. 005 67
e [t−2]	−0. 206 13	0. 285 87	−0. 721	0. 482 73

Signif. codes：0 ‘ * * * ’ 0. 001 ‘ * * ’ 0. 01 ‘ * ’ 0. 05 ‘.’ 0. 1 ‘ ’ 1

Residual standard error：0. 069 22 on 14 degrees of freedom

Multiple R−squared：0. 525 1，Adjusted R−squared：0. 423 3

F−statistic：5. 16 on 3 and 14 DF，p−value：0. 013 07

从上述检验结果可以看出，模型的二阶 LM 检验 p 值为 0. 014，表明模型可能存在二阶自相关性，但辅助回归中残差的二阶滞后项的 t 检验没有通过（其对应的 p 值为 0. 482 7)，因此模型的二阶序列相关并不显著，即模型（4-1）只存在一阶序列相关性。故序列相关性为剔除序列相关性对模型的影响，建立如下形式的理论模型：

$$\ln AGDP = c_0 + c_1 \ln FEA + \rho AR(1) + \mu_t \tag{4-2}$$

其中，AR（1）是随机干扰项的一阶自回归项。

在 R 中应用广义差分法（采用科克伦—奥克特迭代），得到模型（4-2）的估计结果如下：

$ coefficients

Estimate Std. Error　t value　Pr（>｜t｜）

(Intercept) 70. 219 226 91 9. 890 924 66 7. 099 359 1. 783 107e−06

log（FEA）0. 020 959 11 0. 033 373 53 0. 628 016 5. 383 394e−01

$ R. squared

[1] 0. 899 991 7

$ Adj_ R. squared

[1] 0. 872 213 4

$ F_ test

F　p_ value

1. 799 940e+02 4. 896 716e−06

$ autocorrelation

[1] 0.998 985

从结果上看，模型 t 检验和 F 检验 p 值均小于 0.05，因此回归系数显著，回归方程的整体显著性成立，模型的可决系数 $R^2=0.900$，拟合优度极高。DW 检验值为 2.03，满足 d_U<DW<4$-d_U$ [d_U（20，1）= 1.411]，表明模型不再存在自相关性。通过以上分析，本书建立的农业增加值与财政支农的回归模型如下：

$$\ln AGDP = 70.2192 + 0.0210 \ln FEA + 0.9990 AR(1) \tag{4-3}$$

标准误差：（9.890 9）（0.033 4）（0.023 7））

t 检验值：（7.099 4）（0.628 0）（42.151 2）

t 检验的 p 值：（0.000 0）（0.053 8）（0.000 0）

可决系数 R^2 = 0.899 9；F -statistic = 179.99，p -value（F -statistic）= 0.000 0；DW = 2.03。

模型 4-3 表明，西藏自治区农业增加值与财政支农支出有着较强相关关系，即财政支农支出每增长 1%，农业增加值可增长 0.046 8%。本书对模型的显著性水平进行检验，结果呈现显著性。

为了进一步反映西藏自治区农业增加值（AGDP）与农村机械总动力投入（X_1）、农业生态环境建设投入（X_2）、农业科技投入（X_3）及农业人口（X_4）之间的弹性关系，本书建立农业增加值与各变量之间的弹性模型如下：

$$LnAGDP = c + a * LnX_1 + b * LnX_2 + c * LnX_3 + d * LnX_4 + \mu \tag{4-4}$$

表 4-8 为西藏自治区农业增加值与农村机械总动力投入、农业生态环境建设投入、农业科技投入、农业人口数据，本书利用 R 软件对这些数据进行分析，结果如下：

Call:

lm(formula = log(AGDP) ~ log(X1) + log(X2) + log(X3) + log(X4))

Residuals:

Min	1Q	Median	3Q	Max
-0.104 410	-0.037 406	0.002 313	0.032 952	0.132 067

Coefficients:

Estimate	Std. Error	t value	Pr (>|t|)	
(Intercept)	4.080 54	5.242 79	0.778	0.448

log (X1)	0.642 21	0.085 90	7.476	1.96e-06 * * *
log (X2)	-0.048 46	0.043 00	-1.127	0.278
log (X3)	0.035 79	0.023 19	1.543	0.144
log (X4)	-0.661 24	1.026 88	-0.644	0.529

Signif. codes: 0 '* * *' 0.001 '* *' 0.01 '*' 0.05 '.' 0.1 ' ' 1

Residual standard error: 0.069 76 on 15 degrees of freedom

Multiple R-squared: 0.978 1, Adjusted R-squared: 0.972 2

F-statistic: 167.4 on 4 and 15 DF, p-value: 2.996e-12

表 4-5 西藏自治区农业增加值与农村机械总动力投入、农业生态环境建设投入、农业科技投入、农业人口数据

年份	农业增加值（亿元）	农村机械总动力（万千瓦）	农业生态建设（亿元）	农业科技投入（亿元）	农业人口（万人）
1998	31.37	89.78	0.20	0.12	204.85
1999	34.25	100.13	0.21	0.12	207.22
2000	36.39	114.53	0.51	0.1	209.61
2001	37.54	123.21	1.31	0.03	211.41
2002	39.75	145.80	1.31	0.15	214.04
2003	40.7	181.21	1.28	0.21	216.68
2004	44.3	200.34	1.31	0.03	219.44
2005	48.04	256.42	1.81	0.07	222.07
2006	50.9	298.87	2.03	0.08	225.28
2007	54.89	329.42	2.44	0.07	223.63
2008	60.62	331.57	2.71	0.15	222.18
2009	63.88	351.62	2.94	0.31	220.00
2010	68.72	411.99	5.28	0.97	221.00
2011	74.47	423.55	5.16	0.34	234
2012	80.38	499.48	5.31	0.55	238
2013	84.68	578.33	5.2	0.34	238
2014	91.64	660.56	5.14	0.41	236
2015	98.04	722.24	5.33	0.45	234
2016	115.78	822.01	6.1	0.5	232.83
2017	122.72	902.99	6.24	0.45	233

数据来源：《西藏统计年鉴 2018》及西藏历年财政决算数据。

从上面的结果可以看出，模型的拟合优度较高，F 检验极为显著，但从回归系数的 t 检验的 p 值可知，除了 $\ln X_1$ 的 t 检验通过外，其余均未通过，说明模型选择的解释变量之间存在着多重共线性，为了进一步确定是否存在多重共线性及其程度，本书再计算出上述各变量之间的相关系数矩阵，如表 4-6 所示。

表 4-6　各变量之间的相关系数矩阵

项目	农村机械总动力 X_1	农业生态建设 X_2	农业科技投入 X_3	农业人口 X_4
农村机械总动力 X_1	1	0.931 462	0.688 728	0.937 857
农业生态建设 X_2	0.931 462	1	0.608 956	0.904 956
农业科技投入 X_3	0.688 728	0.608 956	1	0.589 761
农业人口 X_4	0.937 857	0.904 956	0.589 761	1

从表 4-6 中可以看出，多个变量之间高度线性相关，因此上面建立模型存在严重的多重共线性，为剔除模型的多重共线性，并保留上述模型的变量，本书选择主成分回归加以修正，具体如下：利用 R 统计软件得到农村机械总动力对数值 $\ln X_1$、农业生态建设对数值 $\ln X_2$、农业科技投入的对数值 $\ln X_3$、农业人口的对数值 $\ln X_4$。各主成分的标准差和贡献率如表 4-7 所示。

表 4-7　各主成分的标准差和贡献率

标准差	1.831 542 6	0.709 966 4	0.308 643 35	0.214 798 95
贡献率	0.838 637 1	0.126 013 1	0.023 815 18	0.011 534 65
累计贡献率	0.838 637 1	0.964 650 2	0.988 465 35	1.000 000 00

各主成分与原始变量之间的关系为：

$$\begin{pmatrix} Z_1 \\ Z_2 \\ Z_3 \\ Z_4 \end{pmatrix} = \begin{pmatrix} 0.551 & 0.540 & 0.338 & 0.539 \\ -0.136 & 0.201 & 0.938 & 0.249 \\ 0.185 & -0.786 & 0 & 0.589 \\ 0.802 & -0.224 & 0 & -0.548 \end{pmatrix} \begin{pmatrix} X_1^* \\ X_2^* \\ X_3^* \\ X_4^* \end{pmatrix}$$

其中 $X_i^* = \dfrac{\ln X_i - \overline{\ln X_i}}{s_{ii}}$，$\overline{\ln X_i}$、$s_{ii}$ 分别为 $\ln X_i$ 的均值和标准差，$i = 1, 2, 3, 4$。

从表 4-7 可以看出，前两个主成分的贡献率已达到 96.47%。因此本书取前两个主成分，最后两个贡献率很小的主成分可以完全忽略，作 lnAGDP 关于这两个主成分的回归，结果如下：

Call：

lm（formula = log（AGDP）~ Z1 + Z2）

Residuals：

Min	1Q	Median	3Q	Max
-0. 170 895	-0. 092 733	0. 007 305	0. 048 818	0. 249 349

Coefficients：

	Estimate	Std. Error	t value	Pr（>｜t｜）
（Intercept）	4. 073 942	0. 025 885	157. 385	< 2e-16 * * *
Z1	-0. 215 054	0. 014 133	-15. 216	2. 47e-11 * * *
Z2	0. 006 264	0. 036 460	0. 172	0. 866

Signif. codes：0 ‘ * * * ’ 0. 001 ‘ * * ’ 0. 01 ‘ * ’ 0. 05 ‘.’ 0. 1 ‘ ’ 1

Residual standard error：0. 115 8 on 17 degrees of freedom

Multiple R-squared：0. 931 6，Adjusted R-squared：0. 923 6

F-statistic：115. 8 on 2 and 17 DF，p-value：1. 252e-10

从结果中可以看到，第二个主成分的 t 检验没有通过，因此本书考虑只取第一个主成分进行回归，得到的最终模型为：

$$\ln AGDP = 4.073\,9 - 0.215\,1 Z_1 \quad (4-5)$$

标准误差：（0. 025 2）（0. 013 8）

t 检验值：（161. 81）（-15. 64）

t 检验的 p 值：（0. 000 0）（0. 000 0）

残差标准差 S. E=0. 112 6；调整的判定系数 $\bar{R}^2 = 0.927\,7$；F-statistic = 244. 7，p-value（-statistic）= 0. 000 0。

从上述结果上看，判定系数为 0. 927 7，模型的拟合优度很高，从各检验的 p 值上看，回归方程的 F 检验和回归系数的 t 检验显著通过（显著程度较高）。这表明建立的 lnAGDP 关于两个主成分 Z_1 的回归模型较为合理。

我们再通过各主成分与原变量之间的关系，进行系数转换，转换公式如下：

$$b_i = \frac{\beta_i}{s_{ii}}, \ \mathrm{i}=1, 2, \cdots, k$$

$$b_0 = \alpha_0 - \sum_{i=1}^{k} \frac{\overline{\ln X_i}}{s_i}\beta_i = \alpha_0 - \sum_{i=1}^{k} b_i \overline{\ln X_i}$$

$$\begin{pmatrix}\beta_1\\ \beta_2\\ \vdots\\ \beta_k\end{pmatrix} = \begin{pmatrix} a_{11} & a_{21} & \cdots & a_{m1}\\ a_{12} & a_{22} & \cdots & a_{m2}\\ \vdots & \vdots & & \vdots\\ a_{1k} & a_{2k} & \cdots & a_{mk}\end{pmatrix}\begin{pmatrix}\alpha_1\\ \alpha_2\\ \vdots\\ \alpha_m\end{pmatrix}$$

其中，k 为原模型中解释变量的个数（此处 $k=4$）；m 为选择的主成分的个数（此处 $m=2$）；b_0，b_1，…，b_k 为原模型的回归系数；α_0，α_1，…，α_k 为主成分回归模型的系数；矩阵 $(a_{ij})_{m\times k}$ 是选择的主成分与原变量之间的转换系数矩阵。

经过上述转换，我们得到的 lnAGDP 关于 $\ln X_1$、$\ln X_2$、$\ln X_3$、$\ln X_4$的回归模型如下：

$$\begin{aligned}\ln AGDP = 3.708\,7 + 0.035\,31\ln X_1 + 0.034\,3\ln X_2 + 0.027\,8\ln X_3 \\ + 0.034\,2\ln X_4\end{aligned} \tag{4-6}$$

模型（4-6）结果表明，在农业增加值增长中，农业机械总动力投入每增加1%，农业增加值便增长 0.035 3%；农业生态环境建设每增加 1%，农业增加值便增长 0.034 3%；农业科技投入每增加 1%，农业增加值便增长 0.027 8%；农业人口每增加 1%，农业增加值便增长 0.034 2%。本书有以下发现：西藏自治区财政应实行多种形式的补贴或优惠政策，从而鼓励农牧民购买和利用农业机械，以此提高生产效率；在西藏自治区当前生态环境较为脆弱的现实条件下，西藏自治区可以通过加强农业生态环境建设，进一步加强农业增加值具有积极的作用；农业科技投入对经济发展的推动力也较为明显，西藏自治区应不断加强现代高科技对传统农牧业的改造，促进农业内部产业结构的调整，不断向高科技农业、现代化农业的方向迈进；西藏自治区生态建设对农业增加值有一定影响，西藏自治区可利用财政，以投资、补贴、贴息等形式，不断加强和完善西藏自治区的生态文明建设。

4.6 西藏自治区现行财政政策评价

4.6.1 中央财政转移支付力度大

在中央特殊财政转移支付制度的支持下，西藏自治区在资源配置和产业结构调整等方面取得了很大进展，大力进行基础设施建设，以实现社会经济跨越式发展。据统计，1951 年西藏自治区地区生产总值仅为 1.29 亿元，农牧业总产值只有 1.03 亿元，至 2017 年地区生产总值和农牧业总产值分别达到 1 310.92 亿元和 178.16 亿元，年均增速分别为 11.06%和 8.12%。这些数据变化有力地证实了中央财政转移支付对促进西藏自治区社会经济发展发挥了巨大作用。

4.6.2 带动当地特色产业发展

在财政支农政策的扶持下，西藏自治区现已初步形成了以藏西北为主的牦牛和绒山羊产业带、以“一江三河”（雅鲁藏布江、拉萨河、年楚河、尼洋河）流域等为主的禽、蛋、奶、菜产业带和以藏东为主的林下资源产业带等。这些特色产业对当地农牧民脱贫致富起到了一定的促进作用。《西藏统计年鉴2018》数据显示，1993—2017 年，西藏自治区第一产业增加值由原来的 18.3 亿元提高到 122.72 亿元，年均增幅为 8.25%；粮食总产量由 67.22 万吨增加到 105.13 万吨，年均增幅为 1.87%；年末畜存栏数从 588 万头增加到 627 万头，年均增幅为 0.28%；农民人均纯收入从 703 元增长到 10 330 元，年均增幅为 11.85%。不难发现，西藏自治区农牧业区域化布局基本合理，专业化生产较为明显，集约化发展趋势已初步形成，这展现了西藏自治区农牧业经济发展的巨大潜力和广阔前景。

4.6.3 促进西藏自治区生态屏障建设

在党中央及西藏自治区各地方财政的扶持下，西藏自治区的高原生态环境建设进展顺利，一些保护生态建设的项目得到全面实施，一些资源得到较好保护，如森林、江河、湖泊、草场、湿地和野生动植物等，高原的大风恶劣天气明显减弱，西藏自治区的生态环境质量得到明显的改善和提升，拉萨市区空气质量的改善最为明显。据统计，1988 年西藏自治区的动植物生态系统保护区域仅占全区的 1%，2008 年已发展到 42%的区域得到有效保护和管理，如今西藏自治区还是全国生态系统重点保护地区之一。这些措施对西藏自治区农业生态环境保护和农牧民的生产及生活条件改善发挥了重要的作用。

4.6.4 提高农牧民收入

西藏自治区政府通过实施一系列战略举措，“一产上水平、二产抓重点、三产大发展”，在各类财政政策的推动下，发展了具有地域特色的优势产业集群。西藏自治区在2009年一次性投入10亿元财政资金，专门用于发展当地产业经济，经过精心的培育和组织，一些特色资源产业集群逐步转变为优势产业，如一些强区富民的“钱袋子”工程项目。矿产业、绿色食（饮）品业、藏医药业和乡村旅游业的快速发展，既促进了当地经济发展，又提高了农牧民收入。

从实施后的效果来看，西藏自治区财政支农政策有效地促进了社会经济全面发展和农牧区贫穷落后面貌的改善，在帮助农牧民脱贫致富奔小康等方面也起到了一定的作用。但伴随西藏自治区的经济快速发展和对外交流合作程度的逐渐加深，农牧区的经济发展至今仍然相对落后，目前财政支农政策明显还存在不足之处。

4.7 西藏自治区财政政策不足分析

本书分析了西藏自治区财政支农政策在扶持农牧业经济发展等方面的积极作用，结合当前西藏自治区社会经济发展形势和农村所面临的各种机遇与挑战，现行财政支农政策尚存在一些不足之处，主要表现在以下几方面：

4.7.1 财政支农政策实施不灵活

西藏自治区财政支农政策在促进农牧业经济发展等方面作用显著，尤以在基础设施建设和帮扶救助等方面成效突出，但在实际实施过程中仍存在政策实施方式僵硬、不灵活等问题。首先，现行的财政支农政策在实施过程中不能结合各个地方的发展状况和特色资源情况，也就是说现行的财政支农政策存在普惠现象，对扶持西藏自治区农村发展的支农政策存在“一刀切”的弊端。这使得那些没有地方特色的产业占用和浪费了大量的财政支农资金，那些具有真正当地特色的优势产业由于没能得到财政资金的支持不能快速成长和发展起来，即财政支农资金在促进当地经济发展和扶持特色产业成长中不能有效发挥积极作用；其次，从其财政资金来源来看，地方财政的灵活性很小，83.46%以上的资金完全依靠中央财政转移支付实现，长期结果就是西藏自治区成为了消费型而不是生产型省份，使得西藏自治区对外援经济具有很强的依赖性，缺乏灵活性，这是一种典型外援式“输血型”经济，可以设想，若没有中央财政转移支付，西藏自治区整个经济社会发展就会陷入困境，甚至是崩溃；最后，从扶持农牧业长远发展的角度来看，其财政支农政策没有结合西藏自治区当前农业生态环境状况和资源现状，在脆弱的生态资源及环境条件下，财政支农政策对西藏自治区农牧业的发展缺乏长足的保证。而对于农牧业可持续发展来说，西藏自治区农牧业的发展急需政府出台相关的政策进行引导，从而加强农业生态建设。如果西藏自治区没有长久可持续利用的生态资源，西藏自治区的农牧业经济的发展和农牧民增收的愿景将不能实现。因此，对于西藏自治区财政支农政策的规划，我们应首先考虑农业生态环境建设，加强对自然生态资源的保护，从而不断扩充农牧民的致富空间，这样才能体现西藏自治区财政支农政策的灵活性与可行性，真正实现富有西藏自治区特色的发展。

4.7.2 财政支农政策体系不健全

西藏自治区目前没有一个统一且相对灵活和互补的上下财政支农政策体系，在某些重点项目的实施中，地方往往缺乏相应的配套政策。西藏自治区现有财政支农政策体系尚不健全，多依赖国家政策的支持和国家财政拨付资金，地方财政缺乏主动性和灵活性。一是扶持乡村产业发展的项目偏少。多年来，西藏自治区财政支农支出多用于保障农牧业基本生产和农牧民生活所需，支农政策虽已转向扶持农牧业经济可持续发展及农业生态环境建设等方面，但目前其所占比例偏小；西藏自治区虽然设立了农业科技发展基金，但基金实际发挥的作用有限。二是全区财政支农政策缺乏互补性与灵活性。当前西藏自治区财政支农政策多依赖上级财政政策，地方财政几乎没有积极性和主动性，总是一味“等靠”或是依赖上级政府部门的资金拨付，这是一种完全依靠外援帮助的供给型经济发展方式，并且现行的财政支农政策在价格调整、消费引导、人才引进、市场准入、科技推广、贴息担保和项目扶持等方面所起的作用较小，使有限的财政资金不能发挥最大的作用。三是地方财政配套不足。西藏自治区人民对政府扶持有严重依赖性，从而使那些能够促进地方经济发展和帮助农民脱贫的工程，由于地方财政的配套不足不能达到其最初的规划目的。这些最终导致了地方经济发展滞后和农民增收缓慢，使得当地的人民一直在脱贫线上徘徊。

4.7.3 财政支农政策效益不突出

目前，西藏财政支农资金在投入和使用中普遍存在投向分散、保障重点不突出等问题，且资金浪费和吃紧现象并存，缺乏一种有效的监督考核和激励评价机制。例如，在农业基本建设和支援农业生产支出中，全区各乡村普遍存在使用“受益”财政资金进行“全面”建设的现象。以 2017 年的财政资金拨付为例，西藏自治区共拨付农业基础建设资金 43.10 亿元，而真正惠及每个村，每个村仅有 81.92 万元。

上级拨付资金总量有限，且地方财政策配套跟不上，使得许多乡村农业建设项目实施进展缓慢，甚至有些项目工程因资金短缺而中途夭折，这不仅浪费了大量人力、物力、财力等资源，而且又不能发挥有限财政资金的最大效益。另外，虽然西藏自治区出台了促进农业发展等方面的相关政策，如农业良种推广补贴、种粮农民农资综合补贴、种粮农民直接补贴、畜牧良种补贴、农业机械购置补贴等，但这些政策大多以发放资金为主，从而使政府很难对资金的用途进行监督和评测。例如，课题组对拉萨市堆龙德庆县进行调查时发现，该县建设了许多与发展地方特色相关的促进当地农民增收的项目，但是这些项目在实际运营中忽视了管理等问题。这体现了在项目建设中缺乏“追踪问效制”的环节，致使相关的扶持项目重点不明确，使许多的财政支农资金不能发挥最大效用。目前西藏自治区建设了许多大型水利设施，而与农民息息相关的小型水利设施建设较少。例如，2017 年西藏自治区农村小型水利设施建设支出仅占当年财政支农资金总量的 3.90%。再如，对于一些社会效益较为明显的生态项目工程，其受益对象不仅局限在农业领域，而是整个社会发展系统。这些项目支出长期以来却一直被统计在农业资金投入中，虚增了财政支农投入规模，使得当前农业财政资金供需紧张的矛盾仍未得到彻底缓解。另外，从财政资金的拨付方式来说，西藏自治区财政支农资金的拨付缺乏效益性。例如，关于良种补贴、牲畜出栏补贴、农业机械购置补贴等，仅 2010 年各项直补的总额达到 224 000 万元，这些直补资金占财政支农总资金的 30%，每户农牧民平均收到的现金金额为 1 800 元。这些财政补助多以现金的形式发放。这样的帮扶形式并不能使西藏自治区人民产生较强的发展意识，对经济不能起到长久的激励作用。同时财政支农资金中的农业科技建设发展的费用明显不足，从而使西藏自治区没有形成良好的农业发展体系。

4.7.4 财政支农政策保障力较低

西藏自治区财政政策保障力较低体现在两个方面：一方面是西藏自治区的经济发展多依靠中央转移支付和其他省区的帮助，属于外援型财政经济，地方由于生产能力不足，对帮助地方农业经济发展和促进农牧民脱贫致富等方面本身缺乏保障力。另一方面是西藏自治区农牧业发展面临许多条件限制，如生态环境脆弱、土壤质地较差、生产方式落后、发展基础薄弱和社会生产力水平较低等。这是制约农牧业经济快速发展的重要因素，且从当前西藏自治区财政用于该方面的投入来看，其比例仍偏低。这里以小型水利建设和土地灌溉面积为例，西藏自治区现有耕地面积中能够实施有效灌溉的面积仅占36%，且机电灌溉面积占有效灌溉面积比例仅有3.98%，大部分土地较为贫瘠、肥力缺失，荒漠化、沙漠化及水土流失等现象十分严重。针对这些现状和问题，本书对2017年西藏自治区财政支农支出明细进行统计，用于维护小型农田水利建设的资金为40 647万元，这些仅占其财政支农资金248.46亿元的1.63%。从2016年、2017年两年财政支出增长变化来看，农林水支出增幅较小（详见表4-8），说明目前西藏自治区财政支农政策的保障能力还是比较低，特别是用于抵御风险和应对灾害等方面的资金所占比例更低。

表4-8　2016—2017年西藏自治区财政主要支出项目简表

项目	2016年（万元）	2017年（万元）	增长绝对数（万元）	增长相对数（%）
财政支出	16 445 211	17 683 129	1 237 918	7.53
一般预算支出	15 879 748	16 819 444	939 696	5.92
一般公共服务支出	2 280 351	2 435 522	155 171	6.80
教育支出	1 696 431	2 271 970	575 539	33.93
科学技术支出	48 140	84 933	36 793	76.43
文化体育与传媒	348 516	449 345	100 829	28.93
社会保障和就业	2 084 658	1 558 602	-526 056	-25.23
医疗卫生与计划生育	699 706	937 958	238 252	34.05
节能环保	330 475	466 393	135 918	41.13
城乡社区支出	1 420 707	1 659 875	239 168	16.83
农林水支出	2 432 802	2 380 903	-51 899	-2.13
交通运输	2 104 696	2 003 412	-101 284	-4.81
金融支出	78 628	155 118	76 490	97.28

数据来源：《西藏统计年鉴2018》。

4.7.5　财政支农政策缺乏长效效应

西藏自治区财政支农政策缺乏长效机制。一是由于财政支农政策缺乏灵活性，西藏自治区对发展地方特色项目和建立高科技产业缺乏长效机制，并且其现行的政策多以维持农牧民的日常生活需要为主；加之西藏自治区的地方财力本来就弱，农牧业的可持续发展缺乏长期的持久力。二是由于政策设计缺乏长效机制，加之西藏自治区的生态环境本身就比较脆弱，以及农牧民缺乏保护意识，长期的过度放牧和不合理的利用进一步加剧了生态环境的退化，生态环境源的保护是西藏自治区面临的实际问题。在当前的经济发展情况和环境状态下，西藏自治区急需改变传统落后的粗放低效的农牧业生产方式，辅之以高效低耗和富有长效发展机制的科学生产与经营管理，现行财政支农政策体系就缺乏这种长效发展机制。三是政策实施缺乏激励机制。例如，西藏自治区在扶持特色农牧产业发展等方面设置了有关税费减免和资金补贴等政策，而国际上通行的投资抵免和固定资产加速折旧等政策措施却没有被广泛采用，这不利于西藏自治区农牧业生产方式转变和先进设备设施更新；对于西藏自治区农牧产业如何快速高效成长和如何具有较强市场竞争力等方面，政府缺乏合理的政策引导。四是财政支农政策的实施缺乏针对性。西藏自治区的有关优惠政策在发展特色农牧产业方面没有体现针对性。以 2017 年的增值税为例，其税收金额占西藏自治区总税收的 64.34%（详见表 4-9）。作为西藏自治区目前的第一大税源，增值税对扶持特色农牧产业的发展并没有起到较大的作用，尤其是对于不同地方、不同特色的农牧产业发展，没有给出针对性较强的税收政策，这样不利于资金、人才、技术等各个要素的合理配置。另外，虽然各地针对性地提出了一些招商引资的政策，但这些政策的内容十分不明确，容易使一些人利用短期经营的投机取巧行为骗取税收优惠，从而使这些产业的发展缺乏长效机制，甚至会造成政府税收的流失。

4.7.6 西藏自治区生态税种缺失

农牧业的发展离不开良好的生态环境条件，一个完整的财政支农政策体系，就应把有效保护和合理开发利用农业生态资源充分考虑进去，并制定相对应的调控措施，以全面促进农牧业经济的可持续发展。而生态税收就是作为维护农业生态资源的可持续利用的一个重要调控手段，能有效促进农业经济的发展。目前西藏自治区独特的地理位置和气候条件，加上其落后的社会生产方式等，形成了一种资源节约型和环境友好型的农牧业生产和发展及农牧民持续增收模式。维持生态系统平衡、构筑高原生态安全屏障不仅是西藏自治区农牧业可持续发展的基础和保障，还是西藏自治区农牧民持续增收和社会经济和谐稳定与可持续发展的前提和根本。目前影响西藏自治区社会经济全面发展与现代

表 4-9　西藏有关税收收入统计表

项目	2005 年		2010 年		2015 年		2016 年		2017 年	
	数额（万元）	占比（%）	数额（万元）	占比（%）	数额（万元）	占比（%）	数额（万元）	占比（%）	数额（万元）	占比（%）
增值税	11 824	14. 52	35 005	13. 85	173 445	18. 85	487 672	49. 23	789 438	64. 34
营业税	48 721	59. 81	119 554	47. 30	416 099	45. 23	157 434	15. 89	–	–
企业所得税	8 879	10. 90	45 273	17. 91	115 024	12. 50	46 426	4. 69	47 419	3. 86
个人所得税	4 475	5. 49	19 797	7. 83	84 805	9. 22	129 981	13. 12	186 240	15. 18
资源税	2 399	2. 95	6 630	2. 62	9 574	1. 04	10 449	1. 05	19 341	1. 58
城建税	4 114	5. 05	18 651	7. 38	66 969	7. 28	86 242	8. 71	110 165	8. 98
印花税	654	0. 80	3 099	1. 23	19 587	2. 13	27 086	2. 73	35 676	2. 91
土地增值税	296	0. 36	1 302	0. 52	10 771	1. 17	16 187	1. 63	14 102	1. 15
其他税收	96	0. 12	1 449	1. 37	23 697	2. 58	29 029	2. 93	24 641	2. 01
合计	81 458	100. 0	252 770	100. 00	919 971	100. 00	990 506	100. 00	1 227 022	100. 00

数据来源：《西藏统计年鉴 2018》。

化进程的一个主要因素是生态资源安全，农牧业的生产和发展面临许多亟待解决的问题。西藏自治区农牧民的主要收入仍依靠传统落后的粗放低效的生产方式获取，西藏自治区应及时出台生态税种并科学实施，能有效缓解这种脆弱的农牧业生产发展环境。另外，西藏自治区形成“资源贫乏—过度开采—生态恶化—持续贫困”恶性循环的一个重要原因是生态税种的缺失。因此，西藏自治区需要探讨和开征生态税种的试点工作，以有效保护当地生态资源及环境条件，将会对乡村产业的扶持和发展产生积极作用。

5 国内外先进财政政策及经验借鉴

5.1 国外先进财政政策及经验借鉴

5.1.1 欧盟共同农业政策

欧洲联盟（European Union，EU）简称欧盟，建立的时间是1993年11月1日，现在世界上主要的农产品进出口集团组织就是欧盟，欧盟共同农业政策是最瞩目的政策。1962年，欧盟共同农业政策（Common Agriculture Policy，CAP）正式实施，对世界各国的农业政策有着深远影响。其主要内容如下：

（1）实现农产品自给自足。20世纪70年代末，欧盟主要农产品如谷类、黄油、糖和牛肉的自给率达到100%。可以看出，为了解决农产品供应不足的问题，欧盟出台了欧盟共同农业政策。1993—2003年农业政策不断改革，欧盟农产品自给自足的同时出口规模有所扩大。农业生产者生产经营活动的主要依据已经变为市场需求导向。根据相关统计数据，2010年欧盟农业出口额占世界农业贸易总额的44%，显示了欧盟共同农业政策的积极作用。

（2）稳定农产品市场价格。欧盟共同农业政策包含了一系列价格干预机制和出口补贴政策，欧盟农产品市场整体价格逐渐稳定，有效减少了世界市场波动对欧盟内部市场的影响。欧盟合理保护农业生产者和消费者的利益，实现农业可持续发展，为稳定的生产发展创造了有利条件。

（3）促进农业科技进步。欧盟共同农业政策涉及促进农业科技进步等诸多相关规定，既促进了科技在农业领域的投入和应用，又保护了欧盟成员国农业生产者的利益，因为科技提高了农业的整体效率，使得农业生产者与其他行业经营者之间的收入差距显著缩小。同时，欧盟共同农业政策针对农业生产面临的各种自然环境问题，给出了特殊补贴，补贴那些受到严酷的环境影响的生产商，以便有效地平衡不同地区的收入水平。

（4）扩大农民就业渠道。欧盟共同农业政策指出，农民收入来源不应局限于单一的农业领域，农业不是解决农村剩余劳动力问题的主要途径。在当前农业不能完全吸收和解决农村剩余劳动力的情况下，欧盟共同农业政策出台了许多鼓励农民从事非农产业工作的措施，将有效缓解农业用地承载能力不足和自然资源失控流失的问题。

5.1.2 美国农业财政政策

1933年美国颁布的《农业调整法》形成了农业财政政策的初步阶段，包括价格支持、收入扶持、资源保护、农产品出口等农业补贴政策，同时将政策调控的首要目标调整为增加农民收入，现已形成了相对完善的农业财政政策体系。

（1）增加对农业的财政补贴。美国政府非常重视对农业的财政支持和补贴。19世纪末，美国联邦政府免除农业合作社的所有税收。直到1951年，随着农业合作社实力的逐步增强，一些农业合作社开始纳税，但其税负仅为工商企业的三分之一。与此同时，美国政府提供了很多优惠措施，如税收延期和免税。在农业补贴领域，自1920年以来，美国政府实施了强有力的多元化补贴政策，补贴措施主要包括生产补贴、销售补贴和调剂补贴。到目前为止，美国农业补贴政策经历了三个阶段：1933—1995年的价格补贴政策，1996—2001年的收入补贴政策，2002年至今的收入价格补贴政策。

（2）加强农业基础设施投资。美国一向重视农业基础设施建设，主要是指投资规模比较大、回收成本较慢、个人或私营企业无法承担的项目。因此，加强水利、公路、铁路、运河航运、仓储、电力这些基础的设施建设，是政府公共财政应肩负的重任。1930—1969年，美国政府花费88亿美元发展农村的交通运输、电力和通信设施的建设。2002年美颁布的《农业安全与农村投资法案》规定，用于加强农业基础设施建设，改进农业生产条件，设立农业信息网络，保护农业生态环境，农作物品种改良的投资将达10.3亿美元。

（3）重视农村科技服务工作。美国早在1860年前后就逐步建设了农业科技研究系统，根据其国情开展农业经济等许多方面的科学研究工作，后来成为很多经济学家研究农业经济的主要内容之一。事实表明，农业科技对农业经济发展具有积极作用。现如今，美国农业科技的贡献率已经高达90%以上，处于世界领先水平。美国农业科技服务具有系统化、综合化、市场化和效益化四大明显特征，美国不仅对农民也对城市居民开展多样化的科技培训活动，从而提高人们资源合理利用能力及农业生产者的素养。

（4）完善农业保险机制。在 1922 年，美国政府颁布了《联邦农作物保险法》，为农业保险提供了法律保障。1980 年，美国政府第 12 次修订《联邦农作物保险法》，进一步明确了农业保护的相关内容和规定。2000 年 6 月，布什政府颁布了《农业风险担保法》，又一次提升了补贴与农作物保费的比例。到目前为止，农作物保险在美国主要表现在两个方面：一是建立联邦农作物保险公司（FCIC）农业部，专门负责农作物保险事宜，实现农作物保险的再保险，并提供各种保险费补贴私营企业和个体商人开展农作物保险业务；二是农业生产者申请农作物保险品种保险，必须接受 FCIC 的监督，FCIC 提供相关的保费补贴和服务。农业保险发展的一个成功范例是美国的农业保险机制，为世界各国发展农业保险提供了参考。

5.1.3 日本农业财政政策

目前，日本是世界上较小的国家之一，国土面积约 37.8 万平方千米，耕地面积更加稀少，只有 469 万公顷。日本的人口约为 1.28 亿，其人口密度居世界第二位，人口多，土地少。因此，日本政府非常重视农业的发展和改革。到目前为止，日本在农业金融支持方面的经验仍有可借鉴之处。

（1）农地改革。第二次世界大战前，日本大部分土地都被少数地主阶级控制着。很多贫穷的农民为了生存不得不向地主阶级交付他们借的土地的一半以上的收入。1945 年 11 月，日本内阁会议全体一致通过了《农地调整法修正案》。这个法案规定了农村的地主家庭必须只能五公顷的私有土地，剩下的土地应该在 5 年内被强制开放。日本农业改革的成功提高了农业生产者的积极性，农业生产取得了空前的稳定局面，为第二次世界大战后日本经济的复苏发挥了积极作用。同时，农业的发展为工业经济奠定了良好的基础，城市化和工业化也因此取得进展。

（2）出台《农业基本法》。在农业土地改革取得成效后，日本政府于 1961 年 6 月颁布了《农业基本法》。其主要目标是增强农业劳动生产率，维护农业生态环境，减少工农收入差距，增强农产品竞争力。在农业财政支持方面，日本规定了财政补贴的方式，增加对农业的财政支持，充分体现了日本政府对促进农业发展的支持。到 20 世纪 70 年代初，日本农民的平均收入和消费水平已经超过了当地城镇居民的平均收入水平。到目前为止，日本政府对保护和支持农业的努力处于世界各国的前列。

（3）保障农业全面发展。《农业基本法》公布之后，1999 年 7 月日本国会通过了《食品、农业、农村基本法》。这项法律主要保障了农业的全面发展。

另外，日本提出要重视保护农村生态环境，农业要在维护农村社会经济发展、净化生态空气、保护环境资源、传承农村文化等方面发挥积极作用，最终实现城乡协调发展，实现共同富裕。目前，日本已经以《农业基本法》为主体，形成了200多个完整的农业法律体系，是发展农业经济和增加农民收入最坚实的保障。

5.1.4 巴西农业财政政策

巴西国民经济的主要支柱之一是农业。最近几年，巴西农业生产总值占国内生产总值的30%以上。巴西拥有独特的自然条件和环境资源。巴西有土地肥沃、水资源丰富、日照充足、作物生长周期短等优点，使得粮食生产和经济作物生产相当发达。因此，巴西确立了“以农业建设国家”的发展战略。

（1）及时调整农业政策。巴西的农业政策的发展可以分为两个时期。1995年以前，巴西的农业政策主要集中于直接补贴和价格支持。这一时期的农业政策目标是支持农业生产，保障农民收入。1995年1月1日巴西加入世界贸易组织，根据世界贸易组织《农业协定》的规定，巴西的农业贸易越来越以市场为导向，其农业政策也得到了及时的调整。巴西农业政策目标主要体现在两个方面：一是保护和提高国内农产品在激烈的国际竞争环境中的竞争力；二是保护农业生产和农业生态环境，确保农业生产者的收入不低于合理水平。

（2）注重政策支持。巴西在制定和实施农业政策时，特别注重以下四个方面：一是保护农民利益，建立农产品最低价格保护制度，建立农业保险和出口创收机制。二是发展农业合作社和行会组织。20世纪90年代初，巴西建立了4 000多个合作社，拥有4 000多万成员。合作发展的目的不是盈利，而是在政府的指导下为农民提供生产技术和市场信息，加强人才培养，促进产品销售，进行企业管理咨询。三是重视农业基础设施建设。巴西政府一向重视储存设施、道路和灌溉设施等的建设。1985年以来，巴西政府实施了东北地区100万公顷的灌溉计划，每年投入费用为农业预算的1%。四是注重科技投入和引进。巴西政府除了每年拨出预算资金，通过科学和技术支持农业之外，一直注重加强引进技术方面的外国技术交流与合作。20世纪70年代，在巴西政府和有关组织的推动下，巴西与日本、美国、加拿大、西班牙、瑞士等国家和地区建立了联合开发的关系，引进了大豆、小麦、蔬菜等良种技术。这种合作与交流的模式提高了巴西的国际影响力。

5.1.5 借鉴和启示

从上述国家和地区的财政支农经验来看，其完善的支农政策体系、扶持重点、保障措施和方式手段等对促进西藏自治区乡村产业发展均有可借鉴之处。

(1) 明确财政支农目标。财政支农目标是促进农村社会经济全面发展和农牧民持续增收。各国历史经验已表明财政支农首先应体现在促进农业生产大发展方面，可以带动农业增产和农民增收，促进农村经济和国民经济的和谐、稳定和持续发展。从各国农业发展进程看，由于各种资源因素和环境条件的制约，农民收入一般只能停留在非农生产者的收入水平。为此，为了稳定和提高农业生产，西藏自治区应该保障和提升农业生产者的收入，并逐渐缩小同非农产业生产者之间的收入差距，使整个社会实现协调、均衡发展。财政支农要建立长效机制，完善市场体系，着手提高产品竞争力，合理配置资源，加强农业生态环境建设，等等。

(2) 重视当地资源的优势。各国财政支农政策的实践经验表明，其政策的核心是发挥当地特色资源优势，推进农业产业结构优化，提高农业生产者的社会福利水平，积极推动农业持续发展。西藏自治区农牧业的发展需要根据当地生态资源状况，充分发掘特色资源优势，及时调整农业产业结构，加快新产品开发，走特色高原农业和绿色生态农业发展之路，不断为农牧民增收开辟新路。

(3) 健全农业发展的基础。农业基础设施的发展是农业经济发展的重要保证，在当前农业经济疲软的情况下，农业经济有明显的外部性。在国家农业财政支持政策中，投资发展农业基础设施是非常重要的。西藏自治区应该积极吸收利用先进发展经验，改善农业和畜牧业基础设施薄弱情况，保护农业生态环境，实现可持续发展。

(4) 注重多样性。国家财政支农政策涉及几乎所有方面，如生产、销售和服务，增强农牧产品的市场竞争力，为与农牧业相关的技术、管理、信息和服务提供资金。同时，西藏自治区不仅关注农业生产的扩大，还关注农业的内在发展，即提高资源效率和质量安全。

5.2 国内先进财政政策及经验借鉴

5.2.1 东中部地区农业财政政策借鉴

以下主要以山东省、江苏省、安徽省等为例，其农业财政政策经验主要归纳为以下三点。

(1) 支持现代农业发展，建立现代工业体系。这些省份的一般做法是利用现代农业园区，集中精力提高地方农业的比较优势和现代农业发展规划的工业集中性；重点支持建设现代农业园区，建立加工中心的农产品市场体系，优化当地优势农业资源，注重如大米、水产、园艺等的优势发挥。

（2）建立农业安全机制，提高农业综合效益。针对农村发展灌溉系统规模小的情况，政府每年分配一定数额的资金修建灌溉系统，为小农户灌溉提供便利。这些省份支持发展经济组织，建立专业合作社经济组织，改善服务，加强安全监管和扩大经济组织覆盖面；引进设备，鼓励品牌创造，提高生产效率；通过财政补贴、投资改善农村生态系统，鼓励发展绿色农业项目，促进农村地区清洁能源的发展。

（3）增加对农民的财政支持，实施补偿性补贴政策。这些省份增加购买农业机械的补贴。农业现代化的进程是由在国家和省级一级定义的 12 个一般类别的 51 个农业机械项目的赠款推动的，这些项目直接致力于该区域的农业生产。针对粮食作物，如高质量的大米和小麦，政府根据耕地面积和种子质量，按照“政策公开，全面覆盖，直补到户”的原则，确保稳定的粮食生产。

5.2.2 西部地区农业财政政策借鉴

中国西部地区经济发展相对落后，随着西部大开发和中央财政政策的大力倾斜，西部地区社会经济总量增速较快，农牧业发展取得了前所未有的成就，这与其财政政策扶持是分不开的。在西部一些民族地区，其特色产业不断发展壮大，已经形成了一大批地方优势产业集群，撑起了我国少数民族地区经济的一片天。例如新疆维吾尔自治区的天然气产量和棉花产量居全国首位；内蒙古自治区的乳业和羊绒制品产量稳居全国第一；广西已成为全国最大的蔗糖、蚕茧综合利用基地；青海省成为全国最大的钾肥生产基地；云南省的花卉产业年产值可达 200 亿元，成为亚洲最大的花卉生产基地。这些产业发展为当地农牧业经济发展发挥了积极作用。这些省份农业财政政策主要有：一是给予项目支持与技术扶持，并按 15%税率征收企业所得税；二是土地政策优惠，对于新兴产业和高科技项目在安排使用土地指标时予以倾斜，并降低土地出让金标准；三是推进民族地区经济方式转变，包括引导和开发当地特色资源，培育和发展龙头骨干企业，创建和提升民族地区竞争品牌，壮大和促进新兴产业服务体系等，以推动民族地区社会经济全面发展。

5.2.3 借鉴和启示

（1）政府领导、市场运作和社会参与相结合。农业财政政策可以在当地农业生产发展中发挥积极作用，促进农业又快又好发展。在西部地区，云南省的花卉种植产业吸引和输送各种生产要素，如社会资金、技术、人力资源和信息等。这是政府领导、市场运作、社会参与的典型模式，对西藏自治区农业发展有借鉴意义。云南省在促进花卉产业发展方面的经验表明，政府要找准财政支农的重点和突破口。因此，西藏自治区的农业和畜牧业的发展必须与环境保护和新农村地区的和谐建设相结合，以实现农业和畜牧业经济的全面发展。

（2）政策灵活多样，内容全面。农业财政政策作为调整经济结构和产业结构的重要手段，一定要遵照“市场导向、效益优先”的原则，转变生产经营方向，降低生产成本，提高产业效率，采取既灵活又多样的政策支持。例如，为了支持和发展特色产业，西部地区通过减免税收和财政补贴措施，提高了投资者和生产者的积极性。云南省为鼓励花卉产业出口，对生产、销售、服务等各环节进行补贴，最终造就了一大批优质花卉出口，抢先占据了国际市场。这说明农业财政政策一定要在农业产业发展中体现全方位的支撑作用，只有这样才可以促进产业健康、快速、持久的发展。西藏自治区应该综合利用税收减免、投资补贴、贷款折扣、金融救助和激励补贴等，使政策效益最大化。

（3）有序开展，辐射带动，全面推进。政府应集中各种优势资源和生产要素，建立特色工业开发园区和高新技术示范基地使其发挥积极有效的科学引导作用和辐射作用。改革开放 40 年多来，我国农村社会经济面貌发生了巨大变化，但仍面临一些发展问题，财政支出压力依然较大。如何发挥有限政资金的作用，是各级政府面临的一个难题。在这方面，西藏自治区应重点发展一些关键地区，即行业资源条件好，发展前景广阔，增速较快经济的，通过建立高新技术工业园区特色产业或示范基地，支持和促进相关行业的全面发展，从而为促进区域经济全面发展打下基础。

（4）创新机制，规范管理，效益突出。首先，我们应该充分利用支持生活产业的政策。对一些发展潜力大、产业效益强的投资项目，要积极争取各种政策支持，推动产业项目尽快落地实施。其次，我们要整合各类资源，以主导产业或重点建设项目为平台，整合各类金融、农业资金，充分发挥项目协同效应和综合效益。最后，我们应该改善各级经济框架。按照社会主义市场经济体制的要求，让农民积极参与农业财政政策的制定和实施，改变以前单一形式分布的资金技术支持和项目驱动方式，不断创新农业财政支持机制，进一步加强金融资金的监督，“四两拨千金”，切实发挥农业财政政策的效益。

6 推动西藏自治区乡村振兴财政政策设计

6.1 西藏自治区乡村振兴模式选择

6.1.1 选择原则

乡村振兴要把模式选择和当地的实际紧密结合起来，找到一条适合当地发展的乡村振兴模式是乡村建设的重中之重，应遵循如下主要原则：

（1）整体协调原则。乡村振兴的出发点为发展农业，应依据“整体、协调、循环、再生”的流程循序进行。其一，要大幅降低农业成本，为提高效益，要充分发挥物质循环和能量多层次结合使用的作用，以保证绿色优质产品的价值，确保农产品产量和质量的全面提升，实现农牧民收入的提升，使农村经济多元化；其二，若将农业生产和农村经济墨守成规而单调的常规发展模式，改为整体协调的可持续发展模式，需要把经济建设与环境建设相融合，力所能及地向市场提供安全农产品的同时，保持生态系统的稳定性与持续性，为农业发展打下坚实的基础。

（2）适时适地原则。适时是指乡村振兴发展不能脱离当地经济社会发展阶段。适地是指要因地制宜、循序渐进，发展要结合当地区域环境和地域资源优势，建设要依次展开，不能前后颠倒，要扬长避短乃至扬长补短，充分发挥当地的资源优势，“上应天时，下尽地利，中用人力”，使当地的特色和优势发挥得淋漓尽致，尽可能地开发当地光、温、水、地和植物资源，使其得到高效和永续利用。

（3）自然调控与人工调控相结合原则。乡村振兴旨在自然调控与人工控制相结合，因此我们不能轻视自然调控发挥的作用，人工调控相比自然调控扮演了补充、调整和强化的角色。该原则需要综合应用生态学、经济学、环境科学、农业科学、系统工程学等理论，充分发挥整体效应原理、生态经济原理、生物互利共生原理等来调控乡村产业生产，并根据自然调控的原理和规律，进行有利于长远利益的人工调控，力求人工调控与自然调控有机结合，确保充分利用和保护自然资源，使经济效益和生态效益达到最优。

（4）经济、生态与社会效益相结合的原则。乡村振兴需要注重生态环境的可持续性，在维护好生态环境的前提下，需要以提高生产力及效益为基本目标，强调资源的充分使用与环境的保护，强调经济、社会、生态三种效益同步发展，要以维护生态效益为基础，追求生态与经济效益的统一。实现乡村振兴，只充分合理地利用、保护和增值自然资源，加速物质循环和能量转化，产生显著的生态效益是不够的，还需大幅提高土地利用率和资源利用率，创造更多数量、更好质量和样式更多的产品，以不断满足人民日益增长的美好生活需要。

6.1.2 模式选择

6.1.2.1 产业模式

乡村产业振兴是乡村振兴的核心，涉及农产品的生产、加工和销售等主要环节，除此之外还包括农产品的品牌、标准化、基地商品化生产、深加工、循环产业链以及服务与营销六大部分内容。乡村产业总体模式可参见图 6-1。

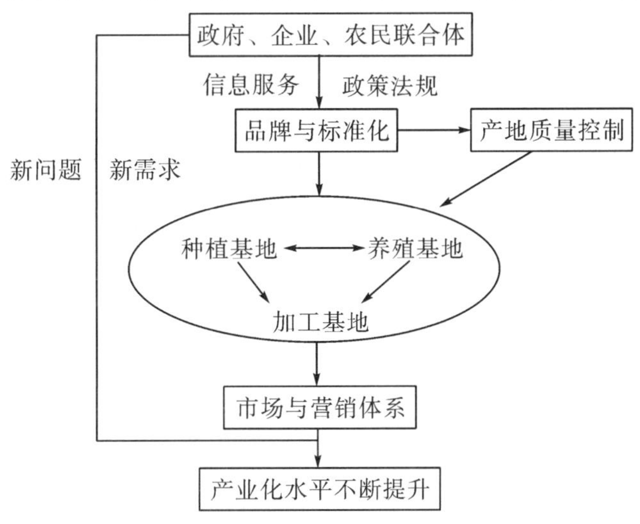

图 6-1 乡村产业总体模式

这一模式可分为五类不同的具体模式，应用于不同的区域环境，具体包括：

（1）基地生产模式。这种模式的核心为西藏自治区特色农产品的基地规模化生产，通过“种、养、加”向外进行产业链扩展，使得经济与生态效果最大化。这种模式的表现形式一般为“主导产业+农户”，注重发挥当地特色生产资源优势，利用基地建设，使特色农畜产品实现规模化生产，形成“一村一品，一乡一业”的格局，逐步实现专业化生产和区域化布局为主导型的产业，从而紧密结合主导产业发展“产、加、销”一体化经营。

（2）科技带动型模式。该模式是指科教人员和农户自愿组合到一起，互为条件，共同发展。以经济利益为其联接的纽带，农户提供生产资料、场地、设备、劳动力等生产要素，科教人员为农户发展提供新品种并进行全面的技术指导，提供市场信息，掌握关键技术应用和产品销售等。二者合作取得的收益按合同进行分配。其组织形式为“科技人员+ 农户”。该模式简单直接，经济效益显著，尤其在解决农牧民增收、脱贫致富上效果比较显著。

（3）标杆企业带动型。这里的标杆企业是指西藏自治区的龙头加工企业和经销企业，政府引导标杆企业帮助区内农畜产品加工、冷藏及运销企业，根据标杆企业自身的产业链形成“公司+基地+农户”的“产、加、销”一体化经营模式。目前西藏自治区的龙头企业与农户的联系模式可分为四种：紧密型、半紧密型、松散型、临时组合型。这些企业自成立以来，在较短的时间已趋向于向高（高级）、大（大型）、外（外向）、深（深加工）、精（精加工）发展，内容与形式更加多样，有助于带动当地的经济发展。

（4）市场带动型。该模式的核心在于依靠各地的农畜产品市场尤其是专业批发市场，帮助整合资源，促进农户专业化生产，进而实现“产、供、销”一体化经营。其中，专业批发市场的作用是通过对农业生产进行全过程服务，提供农业生产中所需的市场信息、生产资料及生产技术等，帮助区内的农户及时调整生产，提供足量优质的农产品。专业化生产是乡村产业化发展的一种具体形式，其组织形式为“专业市场 + 农户”。多种多样的专业型市场使农牧民生产交易变得方便有效，以此实现“建一个市场，活一片经济，富一方群众”的愿望。

（5）合作经济组织带动型。该模式是指在农牧民家庭经营的基础上，实现跨户、跨村、跨乡镇的“农村经济合作组织”。除了传统的社区性合作经济组织外，该合作经济组织也包括技术协作组织，即由专业的技术人员、土专家、专业型农户等自愿组成的团体；还包括有股份合作企业或各类股份合作经济组织。该组织可以由农户组成，也可以由家庭企业组成，其组织形式为“合作经济组织 + 农户”。这种组织模式联合多种经济成分，促成以一种产业为主导，集“种养加、产供销、贸工农”于一体的新型生产格局，带动农村社会经济全面发展。

6.1.2.2 技术模式

技术升级是乡村振兴发展的重要内容，技术创新、成果转化、功能强化、技术保障与升级是该战略的主要内容。乡村产业总体技术模式可参见图 6-2。当前，西藏自治区乡村农业过了以追求稳产为目标的阶段后，随着人民生活水平和对健康要求的提高，人们对农产品的质量有了更高的要求，尤其是一系列突发性的严重生态环境灾害，让人们逐渐感觉到，安全和无污染的食品是非常重要的。以生态为品牌的乡村产业将成为技术升级换代的替代模式。乡村产业技术创新主要针对当前农产品生产安全和产地生态环境安全两大核心技术难点，重点开展乡村产业投入品研制、农产品无公害生产、农田污染控制、环境质量快速检测、区域乡村产业技术集成、乡村产业保障体系建设等关键技术研究。

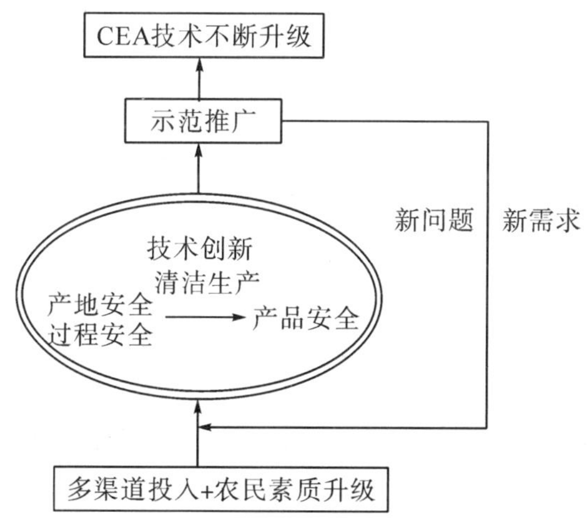

图 6-2 乡村产业总体技术模式图

6.1.2.3 管理模式

管理模式的实现在于政策与管理的有效结合与具体实行，包括政府与全民参与机制、信息市场管理、机制创新及体系推广等主要内容。乡村产业组织与管理模式框架见图 6-3。

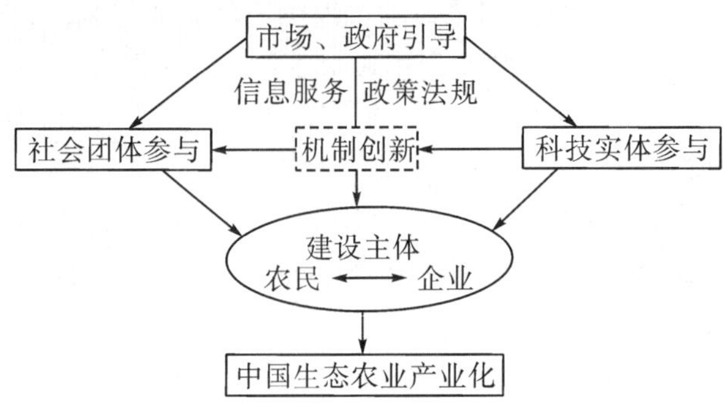

图 6-3　乡村产业组织与管理模式框架

根据乡村产业组织形式的不同，管理模式主要有以下四种：

（1）农民组织主导型管理模式。该管理模式是指由行业协会或是能人带动的乡村产业模式，可以激发农户的主动性和创造性，在信息、技术及市场方面有一定优势。但农民组织一般不集中，因此农民组织主导型管理模式需要较为严格的章程进行制约，农民组织要按照章程办事，才能尽可能地保障农民的权益。

（2）政府组织与引导型管理模式。在乡村产业建设中，地方政府对乡村产业建设投入了极大热情，不可否认，该模式具有其他管理模式不可比拟的优势。例如，在组织协调上，政府更有强制力及说服力；在基金方面的扶持上，政府能够为农户提供贷款；在政策上可以有所倾斜；等等。政府组织与引导型管理模式在建设乡村产业的初期发挥了巨大的作用，其功劳是不容抹煞的。但是，从乡村产业发展趋势看，政府更应当扮演好服务的角色，通过调控措施引导农户与企业积极参与乡村产业建设。

（3）企业订单与市场引导型管理模式。在此管理模式中，企业和农户之间的关联是以合同契约的方式建立起来的。龙头企业与农户在各自独立的立场下，以自愿、平等、互利为前提，签订合同契约，让双方的经济关系成立。这种关联按利益联结程度分为松散型和紧密型。松散型是指龙头企业和农户的利益联系比较松散，企业与农户之间是简朴的相互协作的服务关系。企业收购农户的产品，通过市场进行交易。在联结方式上，企业提供技术、育苗、肥料、信息等系列服务并收取费用，或者帮助农户加工与销售，逐渐与农户签订固定的契约，建立固定的原料基地，但有时没有对农户返还利润。紧密型是指龙头企业与农产经过一些利益调节，如对农产品收购的价钱予以保护价、设立风险保障基金等形式，形成“风险共担、利益均沾”的利益共同体；经营目的由简单的只顾及自身经济利益上升为考虑整体产业的集体利益，经营活动逐渐稳定协调，抵抗市场风险能力增强。在这种管理模式中，企业提高生产标准，农户负责生产，企业负责产品的加工和销售，拥有较强的抵抗市场风险的能力。

（4）农业资源综合管理模式。因为农业属于弱质产业，而农业资源利用程度不高、负担重是西藏自治区农业资源的重要特征之一，加大对农业资源的保护力度是相当重要的，因此合理配置资源，提高资源使用价值是重中之重。要想提高资源的使用价值，政府必须发挥作用，实现农业资源的保护和更新，同时需要及时制定政策，实施宏观调控。政府需要建立实施资源管理新机制，严格控制农业资源的使用，保护水资源和耕地资源，防止浪费的情况出现；政府还可以通过市场价格机制进行调控，保护和更新农业资源。

除政府的宏观调控之外，农业资源综合管理模式应强调行业协会和龙头企业的作用，特别是行业协会的作用有待加强。通过建立和完善行业组织，农民与政府、农民与商人、农民与农民的关系将更加顺畅，不仅有利于维护农民的权益和企业利益，而且有利于组织和管理生产，是政府指导农村产业建设的好帮手。

6.1.2.4 地域模式

西藏自治区属于青藏高寒区，其乡村振兴主导模式应围绕高寒农业的特质进行创新。西藏自治区应以“生态安全、高原特色、优质高效”为目标，以政府和企业为引导，培育高原特色，转变生产方式，优化特色农产品的生产与加工程序，积极创新技术，以此来提高农业生产效益，发展具有高原特色的经济体系。西藏自治区乡村建设的主要内容是：第一，围绕该区域特色，发展具有高原特色的乡村产业模式。第二，围绕该区域高寒特点，重点解决农户能源问题，制止农户为了解决薪柴问题而乱垦乱伐的行为，最大限度地保护该区域的生态环境。第三，围绕该区域农牧民主要生活来源的特点，大力发展高原特色乡村项目，积极推进特色青稞产品、特制牦牛肉干、精装藏雪莲等原生态优质产品的加工基地建设。第四，围绕该区域资源特色，推动高原绿色文化品牌建设，应紧紧抓住青稞、牦牛、藏药等高原特色资源，发展绿色文化，大力发展乡村第三产业，做到第一、二、三产业相互融合。例如，西藏自治区可以推进乡村产业发展，延伸产业链，形成与农业和畜牧业的互动发展，为高寒地区提供优质蛋、禽、肉产品，并为农田提供良好的有机肥料。此外，农牧区生活能源建设也必须受到重视，西藏自治区应加强风能和太阳能的开发与利用，把更多的秸秆用作饲料制作。西藏自治区乡村产业发展重点见表6-1。

表 6-1 西藏自治区乡村产业发展重点

乡村产业	发展重点
（一）生态畜牧业	1. 牧草种植业
	2. 畜种培植业
	3. 饲料加工业
	4. 养殖业
（二）生态种植业	1. 蔬菜、瓜果种植业
	2. 花卉种植业
	3. 茶种植业
	4. 粮油种植业
	5. 药材种植业
	6. 饲料、绿肥作物
（三）生态林业	1. 林业生产
	2. 林产品种植

在发展乡村农牧业经济的同时，西藏自治区应加强对野生生物资源的保护，重视重点地区的生物资源保护，在发展产业的过程中抢救性收集生物资源，建立保护区，实施合适的管理政策和机制，鼓励农牧民采用清洁的生产技术，建立可持续发展的乡村生态系统。

在此我们可以总结西藏自治区的乡村发展模式为：以高寒生态防护为前提，以高原特色农业为中心，以龙头企业的参与为动力，以政府引导、科技支撑和农村生态能源配套为保障，发展具有西藏自治区地域特色的高原乡村产业。该模式如图 6-4 所示。

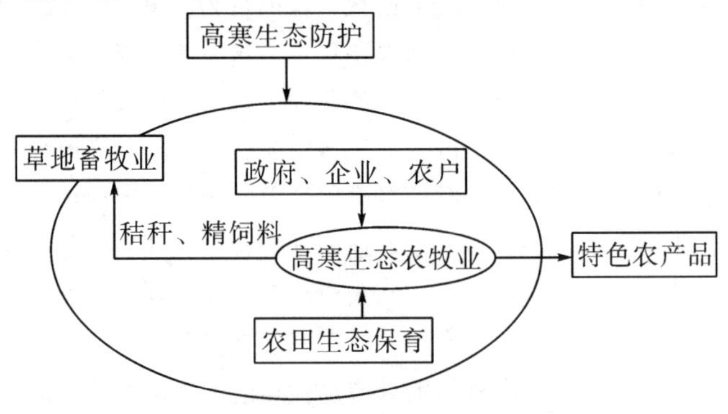

图 6-4 西藏自治区乡村发展模式

6.2 西藏自治区乡村振兴财政政策设计

在“提升一产、壮大二产、搞活三产”的战略目标指引下，西藏自治区以“多予、少取、放活”为农村经济建设的方针，设计出符合西藏特色的，科学、合理的乡村振兴财政政策体系。

6.2.1 夯实乡村发展基础

6.2.1.1 农业基本建设财政政策

根据公共财政理论，西藏自治区农业基础建设投资的主体仍为公共财政。在对西藏自治区日喀则、拉萨、山南等地的88户农户调查发现，60.7%的农户认为自然环境较差是制约农牧区发展的主要原因，另一部分农户认为基础设施落后是主要原因。调查结果表明，国家还需要继续对西藏自治区的基础设施进行投资，帮助完善基础设施建设。基础设施对农牧业经济发展的重要性不言而喻，首先能够为农业生产经营提供一个好的环境，节约其生产成本和交易成本，提高经济收益；其次能够促进农牧业生产的现代化进程，促使农牧业逐渐走向专业化、规模化，实现可持续发展。因此，就目前来看政府还需加大对基础设施建设的资金投入，在投入资金的同时也要完善相关的管理制度，使资金能够落到实处，促进西藏自治区农牧业经济可持续发展。

6.2.1.1.1 农业基础建设财政扶持重点

西藏自治区的农业基础建设财政扶持重点如下：

（1）加强农田水利设施建设。首先扩大财政补助的范围，以抗旱水源工程的建设为重点，同时将灌区末级渠系改造和排涝设施建设加入补助范围，增加相关的专项补助；其次明确建设主体和责任分配，通过奖励、补助等措施提高农牧民水利建设的积极性。

（2）加强农业耕地保护与改良。首先要保证有充足的专项资金，在财政预算中增加对耕地保护与改良的投入，同时全区的农村土地出让金中的大部分也要用于耕地保护与改良。其次要分清主次，主要将资金投入农田整理、灾毁复垦、土地改良等方面，加快旱作节水示范区的建设。最后要制订并实施科学的总体规划，将耕地保护落到实处。

（3）加强农村基础设施建设。基础设施一直是限制西藏自治区各项经济发展的主要因素，西藏自治区特殊的地理位置和自然环境导致区内的交通、通信、电力、物流等较为落后，公共设施、现代服务等基础设施跟不上经济发展的要求，偏远地区更是落后。因此政府要进一步加强对区内基础设施建设的投入，为西藏自治区农牧经济发展打下基础，改善区内人民的生存环境和生产环境，以推动区内农牧经济和特色高原产品生产加工的进一步稳定发展。

（4）加快农业信息化进程。信息是市场发展的一个重要条件，而信息建设滞后是区内普遍存在的问题。政府应通过公共财政投入，全面建设农业信息化网络体系，以推进联动城乡一体化发展的信息网络建设；要用现代信息技术装备优化农牧区各生产经营环节，并通过公共财政投入建立联接自治区、地（市）、县、乡各级的农业信息网络互联中心；积极借鉴其他省份信息服务平台建设的经验，为区内农牧民建设一个专业的、实用的服务平台，能够及时发布有效信息，为西藏自治区农牧业科学生产和农牧民持续致富发挥导向作用。

6.2.1.1.2　农业基础建设财政政策设计

西藏自治区农业基本建设财政政策设计如下：

（1）加大对农牧区基础建设的投资规模。西藏自治区应在原财政投资基础上，根据每年财政收入增长幅度，适当比例地加大基础设施的投入规模。该部分的投入可根据基础设施的性质分为两个部分：一是对于纯公共产品性质的基本设施的投入，如交通、水利、电力、通信、物流、公共设施和现代服务等。财政作为主要投资主体，投资比例在原有基础上可适当增加5%~10%，加快区内的基础设施进程。二是对混合产品性质的基本设施的投入，即公共产品和私人产品性质兼有的农村基础设施，本着谁受益谁投资的原则，政府可以出资部分，集体受益人出资部分。同时政府还可吸引社会资本投向基础设施建设领域，并对其实体资产按企业化经营原则进行股份化管理与组织运营。

（2）运用税收政策支持农村基础设施建设。税收作为国家政策可以直接引导社会资源进入基础设施建设领域。相关的税收优惠政府可以从以下几个方面考虑：一是考虑将企业自制的、委托加工及外购的货物用于基础设施建设的，在计算增值税时不将其视同销售的货物，免除部分或全部增值税额。二是企业将固定资产用农村基础设施建设的，可以在计算企业所得税时予以扣除其设备费，当年不足抵扣的可延续至下年，但不包括计提折旧部分。三是在计算个人所得税时个体从业者投资于农村基础设施建设所取得的收益回报，可按当年应纳税额的一定比例（10%~30%）减征个人所得税。四是对于农田排罐工程和老灌区改造，在工程项目完工正式投产后，可减免一定期限（5~8年）的所得税。若采用BOT投资方式，应给予投资方一定期限（5~8年）的特许经营权，并在该期限内给予相关税费减免。

（3）完善农业设施投入机制，夯实农村经济发展基础。西藏自治区要将财政投入的重点放到公益设施建设上来，尤其是能够带动农牧民增收的设施上。第一，以政府信用为担保，通过财政贴息支持各类金融资金进入农牧区，以扶持当地惠农富民项目工程有效实施；第二，引入市场竞争机制，实施股份化管理。对已建成的农牧区基础设施，设立科学收益分配机制，完善风险防御，做到“产权清晰、权责明确、科学管理、滚动发展”；第三，改变单一的财政资金现金直接拨付方式，尝试性实施项目工程、财政贴息和以奖代拨及“以工代赈”等多种形式拨付，通过多样财政拨付方式发挥财政资金的综合效益及更大的“乘数效应”。

6.2.1.2　乡村扶贫开发财政政策

刘易斯的二元结构理论提出传统落后的农业部门要向现代产业转化，而农业扶贫开发作为政府财政扶贫战略的重要部分，其目的是不断消除二元结构，逐渐转化为一元结构，是整个扶贫工作的基础和引领。现阶段西藏自治区的偏远落后地区基础环境、发展条件较差，还有部分群众处于贫困或半贫困的状态，财政支农的目标为促进贫困地区发展、实现社会公平等。但从统计数据来看，政府每年的财政扶贫力度较大，但群众脱贫后还会出现返贫的现象，西藏自治区的返贫率为20%~30%，发生自然灾害后会达到50%，发生较为严重的自然灾害时会达到70%以上。这对于西藏自治区的全面建成小康社会目标来说是一个极大的考验。这就要求政府在贫困地区如那曲、阿里等一些贫困落后村中加快实施农业扶贫和综合开发的财政政策，最大限度地保障农民的基础生活条件，实现其收入的持续增长农牧业的可持续发展。

6.2.1.2.1　乡村扶贫开发财政扶持思路

如何在西藏自治区这种特殊的环境下进行财政扶贫开发，重点在于利用当地的特色资源及优势产业，政府要重点扶持这些特色产业，使其成为西藏自治区经济发展的优势，带动当地经济产业发展，转化发展模式，最终形成产业化、规模化和效益化综合发展的产业集群。这种方式是使西藏自治区传统农业向现代化产业转化的必经之路，同时也能帮助农牧民实现收入增长。因此在进行财政政策的制定时，政府应该充分考虑突出西藏自治区特色，发掘西藏自治区潜力和优势资源，整合各类资源和生产要素，为特色产业和优势产业铺路。在以上分析的基础上，我们可将财政扶持的思路概括为以下几点：第一，科学合理分析扶贫开发的重点，将资源整合并倾向于贫困地区，加强对贫困地区的扶持力度。第二，在保障贫困地区人们的基础生活的基础上，着力发展项目扶贫、技术扶贫、人才扶贫，把重点放在发展现代、高科技、生态高效的农业项目上，以加强贫困地区的经济再生能力，尽量避免返贫现象的发生。第三，在外部援助的基础上培养农牧民自救的能力，将外部援助和农牧民自救结合起来，开展一些实用技术培训工作，提高农牧民的相关技能，引导其投工投劳，提升其自我发展的能力。第四，实施好基本的生活救助与保障工作，保障高原生态功能区、生态保护区的搬迁及失地农牧民的基本生产生活所需。

6.2.1.2.2　乡村扶贫开发财政政策设计

（1）支持农畜产品生产基地建设。西藏自治区部分地区以畜牧业为主要产业，如那曲、阿里等地。在这类地区，政府应该加强农畜产品生产基地的基础设施建设，基础设施建设是西藏自治区农牧业发展的基础，其建设可分为两种方式：一由财政直接投资建设，在因地制宜、突出特色、优质高效的原则上，紧密结合高原特色农畜业生产基地建设和培养主导产业两个目标；二由政府贴息，在基础设施建设投入等相关方面颁布优惠政策，引入社会资金进行基础设施建设，积极扶持并建设西藏自治区农畜产品生产园区或示范性基地建设，使西藏自治区农牧业逐渐发展为“规模化、特色化、产业化、效益化”的产业集群。

（2）扶持特色农牧产业发展。对于那些市场前景好、技术起点高、竞争潜力大和带动辐射能力强的一些战略支撑产业，财政要予以重点资金扶持和措施优惠。目前，西藏自治区虽然资源丰富，但缺乏有效的增值和开发。对此，财政资金可从以下几个方面找出突破口：第一，增加现有的特色产业发展资金，根据每年的财政资金变动幅度，一定比例地增加该基金的计提数额，以加大对西藏自治区特色农牧产业的扶持力度。第二，利用财政贴息、贷款担保和税费减免等方式扶持西藏自治区特色农牧产业发展，重点投资那些能够为当地农牧业经济带来积极影响的产业和项目，不局限于地域、行业等，依据土地、劳动力、资本、技术、信息等生产要素对具有联合度的企业进行联合开发，依靠“产业 + 区域 + 基地 + 农户”的方式，不断壮大区域经济，增强辐射带动功能，以推动西藏自治区农牧区社会经济和谐发展和农牧民全面持续增收。

（3）引导和培育农村经济合作组织成长。财政政策应本着“互利互惠、共兴共荣”的原则引导和发展各种农村经济合作组织。一是引入有效的利益分配机制，促进农村经济的发展。例如，在财政政策的引导下，当农村经济合作组织与农户就最低农畜产品收购价达成一致并签订合同时，财政部门可以根据市场价格的变化，提供一定的补贴确保各方利益的均衡，来维护西藏自治区农牧业的稳定。二是创新农村经济合作组织经营管理机制。在财政保障、贴息补助等相关政策引导下，农牧民积极入股农村经济合作组织，参与经营管理，既可以充分发挥农村经济合作组织的协同效应，又能极大调动广大农牧民的积极性与主导性，使其与农村经济合作组织有机地融为一体，有效解决“小生产”与“大市场”之间的矛盾。

（4）扶持和推进农村市场体系建设。西藏自治区地域广阔、交通不便，农贸市场基础建设落后，这就使得西藏自治区的农牧业市场流通存在一定困难，为了保障这些农畜产品有序进入市场流通，需要政府积极推进农村市场体系的建设：一是通过财政直接投资加快建设和完善西藏自治区地（市）、县、乡、村各级农贸市场；二是通过优惠政策，如财政贴息补助和税费减免等，扶持西藏自治区农贸及运输经济实体组织发展成长，使其能够较好地服务于西藏自治区农牧区农畜产品贸易活动，并将西藏自治区农牧区与外界有机联系起来。

（5）继续做好贫困地区救济保障工作。就目前来看，西藏自治区的扶贫工作虽有一定的成效，但有部分农牧民还处于贫困或半贫困的状况，且存在一定的返贫率，为了圆满完成脱贫攻坚任务，政府在财政政策设计中应继续加大救济保障力度。鉴于西藏现有财力和农牧区贫困现状，可采取分步推进和有序实施保障等办法，根据经济、地域等因素，因地制宜实施政策。例如在基础条件相对较好的农牧区，着手建立比较规范完善的社会救助保障体制，实行“城乡统筹”和“城乡一体化”发展；在基础设施较为落后、环境较差的农牧区，应将重点放在农牧民的基本生活救助上；在自然环境、经济条件适中的地域，可结合以上两种措施，逐渐过渡到“城乡统筹”和“城乡一体化”发展的社会保障救助体系之中。

6.2.1.3 财政政策路径

西藏自治区夯实农业发展基础的财政政策路径图如图 6-5 所示。

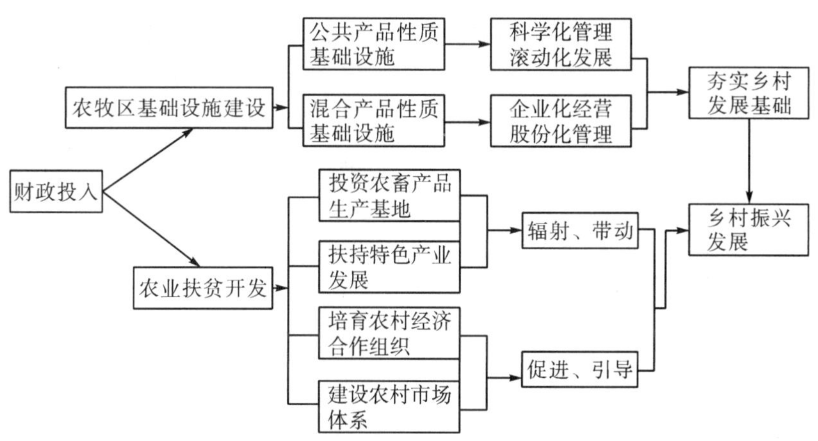

图 6-5 西藏自治区夯实农业发展基础的财政政策路径图

6.2.2 挖掘乡村发展潜力

按照帕累托无效率理论，通过重新配置资源可以达到帕累托最优。而目前西藏自治区的各项资源配置并未达到帕累托最优，由于科技资源的缺乏，西藏自治区的农牧业发展出现潜力不足、农牧民增收后劲不足的问题。科技是第一生产力，要想实现传统农牧业向现代产业的转变，我们就必须发挥科技的作用，充分实现科技兴农的带动力。在对西藏自治区拉萨、山南、日喀则等地的88户农户的调查中发现，认为科技非常重要的农户高达85.7%，这证明人们已经普遍地认识到科技的力量，因此西藏自治区要将农业科技作为促进西藏自治区农牧民持续增收的财政政策的切入点：第一，推广现代高科技成果，并广泛应用到农业领域中，引领西藏自治区的农业高科技发展；第二，加快建设西藏自治区农业示范基地及高科技园区的建设，带动当地农牧业的发展；第三，利用高科技对传统农牧业生产过程及加工方式进行改造，与西藏自治区农牧业发展有效结合，提升农牧业发展潜力；第四，完善农业科技推广服务体系建设，让高科技技术进入千家万户，使其成为西藏自治区农牧民持续增收的加速器。其具体财政政策设计如下。

（1）加大对农业科技的投入。近年来，财政对农业科技的投入力度逐渐加大，但从整体看，其占整个财政支农的比例仍然较低，这是西藏自治区农牧业发展缓慢的重要原因。因此，西藏自治区有必要增加对农业科技的财政投入。一是适当地在西藏自治区每年财政预算中提升农业科技投入比例，使其增加到当年农业生产总值的2%左右，以保证资金来源充足；二是在现行优惠政策的基础上按一定比例提高补贴标准，如良种推广补贴、种粮农民农资综合补贴、农业机械购置补贴、牲畜良种补贴等，以确保各项技术的推广普及；三是依据当年财政收入增长幅度，从中提取一定比例（1%~3%）的基金，用于农业科技的引进和推广，扶持农村实用技术培训、农业高科技示范园区建设和农业科技服务体系建设等；四是以科技创新和科技兴农为目标，使财政资金的投入带来最大效益，多支持那些投资需求较大且发展较快，对经济和社会贡献较大的初创型企业，使其在西藏自治区农牧经济中起到一定的导向作用。

（2）加快推进农业机械化、现代化进程。转变农业生产方式的一个重要手段就是农业机械化，政府应当促进西藏自治区中部和西部地区农业产区的机械化设备的普及使用，尽快完善当地的各项机械设备相关的税收优惠政策及补助标准，通过这种方式扶持农业机械大户、企业等的发展，间接或直接促进西藏自治区农业机械化进程。

（3）完善农业科技服务体系建设。一是建立健全西藏自治区、地（市）、县、乡、村五级农业科技推广服务体系，结合西藏自治区社会主义新农村建设中的“村村通”“户户通”等工程及农村党员远程教育基地建设，使西藏自治区农业科技推广服务体系能够正常运转并发挥实际效益。二是培养科技队伍，用于服务西藏自治区基层农牧区，可以通过优惠政策吸引优秀人才，为西藏自治区基层注入新鲜血液，也可以通过本地高校人才培养，与西藏大学、西藏民族大学、西藏农牧学院、西藏藏医学院等院校建立长效合作机制，在为本地培养人才的同时，也能够增强当地群众的科学文化素质及实用技能。要实现有效的人才培养，需要财政的大力支持。三是积极推动科技与农牧业生产的有效结合，实施西藏农业科技“下基层、进牧区、入农户”等活动，财政应做好相关配套服务及提供政策优惠等。

（4）西藏自治区提高乡村产业潜力的财政政策路径图见图6-6。

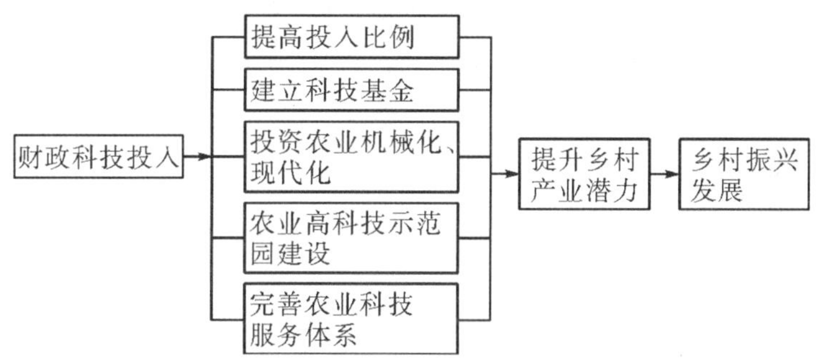

图6-6　西藏自治区提高乡村产业潜力的财政政策路径图

6.2.3　改善乡村生态环境

根据适度规模经营理论，西藏自治区生态环境比较脆弱，其乡村规划应当结合国家整体生态功能区，要考虑生态环境的承载能力，做好农业生态项目建设和生态功能区保护与补偿等，为农牧民持续增收建立生态资源安全保障。

6.2.3.1　农业生态项目建设

近年来，国家非常重视对西藏自治区的生态环境保护，财政上用于生态环境保护和建设的资金已超过100亿元，在国家重视及财政政策大力扶持的情况下，西藏自治区的生态环境有一定的改善。西藏自治区林业和环保部门将专项资金用于天然林保护、森林生态效益补偿等，已取得较大成效。但同时西藏自治区的农牧民由于自然资源各种各样的限制及社会发展基础的落后，还需要依靠传统的粗放低效生产模式，对生态环境不可避免地造成一定的危害，生态环境也会因此遭到破坏。农牧业生产和发展面临着资源短缺和保障不足等困境。对此，我们需要在财政支农政策中增加农业生态项目建设，以帮助和引导西藏农牧民不断转变发展观念，增强保护生态环境与合理利用资源的意识。

（1）继续加大财政对生态建设的投资力度。虽然西藏自治区财政每年对生态建设都有一定的投资，但其林木和植被的成活率及保存率均不高，究其根本还是西藏自治区的自然环境过于脆弱，高原土壤质地差、气候条件恶劣等因素加大了在西藏进行生态建设与治理的难度。同时，西藏自治区还存在重投入、轻管护，重建设、轻养护等现象。因此，为实现“建设美丽家园”“构建高原生态安全屏障”的战略目标，财政政策具体设计如下：第一，进一步加强财政对生态建设的投资力度，除中央财政原有的生态基金外，地方财政也应筹措生态环境建设基金，其金额应不低于当年生产总值的2%，并根据经济发展的进步逐渐增加基金数额，为生态环境筑起安全屏障，实现农业生态系统的良性循环；第二，转化单一财政资金拨付模式，将各项资金进行整合，发挥最大效用，如将生态专项资金与农业扶贫综合开发、新农村建设等有关资金项目整合使用，以突出和发挥项目综合效益；第三，结合国债支持西部地区生态建设的良好契机，地方财政应积极做好相关配套及贴息政策，以进一步争取上级部门和中央财政的大力支持。

（2）创新农业生态项目投融资机制。西藏自治区农业生态项目是一个庞大的系统工程，单靠财政资金投入毕竟有限，需要不断创新农业生态项目建设的投融资机制。第一，建立绿色产业发展基金。其资金来源一方面是收取的污染者的罚款和来自对支持绿色环保事业的捐助等，另一方面按照一定比例（2%~5%）从当年财政收入中进行计提，其用途主要是实施农业生态项目建设等。第二，通过税收减免、贷款补贴、财政贴息及无偿捐助等各种优惠政策，吸引社会资本进入西藏自治区的生态建设中，在此基础上实现“政府主导、市场主体、社会参与”的农业生态项目投融资机制，并形成科学合理的产权管理与利益分配机制。第三，在“碳汇交易制”实施的背景下，积极引进国外投资，帮助西藏自治区搞好环境建设。作为南亚、东南亚地区的江河源和生态源，更作为中国乃至东半球的启动器和调节区，西藏自治区环境的重要性不言而喻，对全球都有着重要的影响。因此西藏自治区应当广泛筹资，利用全球对绿色事业的积极关注，争取国内外对西藏自治区生态环境建设的投资。

（3）促进西藏自治区农业生态环境保护相关税制的改革。目前有关的税种主要是资源税、增值税等，西藏自治区应对现行的有关税制进行改革，以促进环境保护的顺利进行。

第一，改进资源税。首先扩大税收范围，将非农产业对生物资源的使用如水资源、森林资源、草场资源的开采或利用等纳入资源税的税收范围，将从价计征和从量计征结合使用，最大范围地减少资源的浪费；其次，将土地作为应税资源，并将城镇土地使用税和土地增值税纳入资源税的范围，避免对土地资源的浪费，合理地保护土地资源；最后，将资源收费都合并至资源税征收范围，如排污费、水资源费、环境治理费等，按定额税率计征，收到的税费可用于生态环境保护建设中。

第二，完善增值税。第一，对绿色产品的生产活动，符合绿色消费标准、取得绿色认证的产品实施一定的增值税税收减免；第二，鼓励将废料废物、农作物秸秆、生活垃圾用于热力、电力等再次利用活动，对此类活动实施即征即退的优惠政策；再次，对容易造成生态环境污染的产品增收增值税，如农药、化肥等，将税率由 13% 增至 17%，间接地减少环境污染。第三，适时开征环境税。国家可在西藏自治区开展增收环境税的试点工作，征收范围包括工业废气、废水、污染物及生活垃圾等对环境有伤害的污染物，以边际治理成本作为最低征收标准。以边际治理成本为限，当环境税高于污染者的边际治理成本，排污者会选择治理污染；相反，他们会选择交纳环境税。因此，环境税的征收起点需要高于边际治理成本，但不同地区的经济发展存在差异及排污者的承受能力存在差异，这些也需要考虑在环境税的制定过程中。同时征收时间也是重要考虑因素，我们要在适当的时间实施环境税。如图 6-7 的最佳污染治理模式所示，纵轴为排污收费（环境税）和污染物排放量增长率，横轴为时间，其最佳治理模式是 T_1点，即污染物排放量在持续高额的排污收费（环境税）的压力下开始出现负增长时，而不是等到 T_2点再进行治理，到那时污染就会更加严重，增加更多的污染成本。因此西藏自治区在充分考虑各种因素后，在适时的时间开始实施环境税的征收，可以尽快对生态环境产生有利影响。

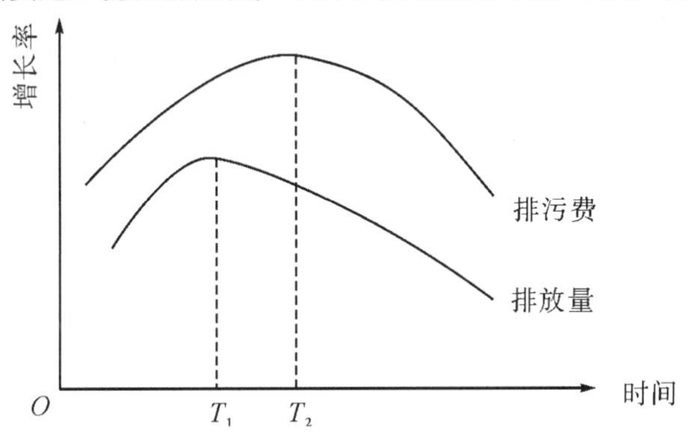

图 6-7　最佳污染治理模式

6.2.3.2 对生态功能区的保护与补偿

改善乡村生态环境还须加强对生态功能区的保护与补偿，其对象主要是从事生态环境建设和保护的各种组织及村民个人等。根据国家整体生态功能区的划分，结合西藏自治区现有财力和社会经济发展现状，相关的财政政策主要从以下几方面进行设计。

（1）西藏自治区生态功能区的确定。西藏自治区生态功能区的确定应着重从以下三方面考虑：一是功能区生态资源的价值，即生态资源在原有生态系统中存在时的价值。二是生态资源的经济价值，即生态资源作为生产要素被人类消费和利用时的价值。这是生态资源稀缺、人力劳动增加和淘汰造成的。三是生态资源的环境价值，即生态资源对人类生产、生活活动产生的废弃物的吸收和消化作用。由此，生态资源价值可以表述为：生态资源总价值（TV）=存在价值（EV）+经济价值（ECV）+环境价值（ENV），该三部分价值可以作为西藏自治区生态功能区划分依据。

（2）生态功能区补偿标准的确定。一是直接投入成本，即用于保护生态环境的直接人力、物力、财力等。二是机会成本补偿。生态功能区的农牧民因生产经营活动受限而使得一部分收益丧失，对此，政府可以参照非生态保护区同等人员的平均收入作为机会成本进行财政补偿。三是产业发展补偿。生态功能区可适当发展一些生态环保产业，对此，财政可适当给予资金支持，其核心是实施生态保护和建立一种长效生态发展机制。四是对生态功能区的农牧民生活的补偿。尤其是对那些因禁农禁牧等活动减少了收入的农牧民群众政府应及时给予机会成本补偿，并妥善安置其基本生产、生活及再就业工作等。

（3）生态功能区补偿方式。补偿方式可分为以下四种：一是货币补偿，这种方式是指财政直接支付补偿金、财政补贴等；二是实物补偿，即给予一定的实体物资、设备等，改善其生产、生活环境；三是技术补偿，即向补偿对象提供一定的技术服务，如技术咨询、培训等；四是项目补偿，在生态功能区实施工程项目，如生态移民、异地开发等。通过这些补偿，我们可以在保护生态环境的同时，确保农牧民的利益不受损害。

6.2.3.3 政策路径图

西藏自治区改善乡村生态环境的财政政策路径图如图 6-8 所示。

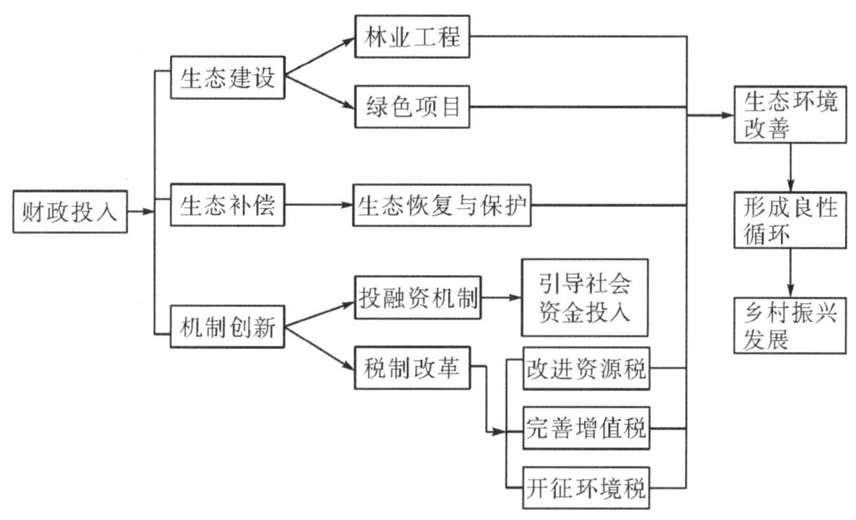

图 6-8　西藏自治区改善乡村生态环境的财政政策路径图

6.2.4　降低乡村经营风险

6.2.4.1　完善农业政策性保险

根据需求弹性理论和农业生产的弱质性特点，农牧业受自然条件和气候的影响较大。在西藏自治区土地贫瘠、空气稀薄、气候恶劣的生态环境影响下，其农业生产发展有较大的不确定性和一定的滞后性。因此，建立和完善以农业政策性保险为主的农村保障救助体系是政府扶持农业生产的重要部分。该体系可保障农牧民的收入，降低其生产经营风险。2004 年 2 月，中央下发《中共中央国务院关于促进农民增加收入若干政策意见》，明确要求加快建立农业政策性保险制度。西藏自治区的农业政策性保险体系在当前还较为落后，各项保障制度还不健全，同时西藏自治区的广大农牧民对农业政策性保险的需求较为强烈。这就需要政府尽快建立并完善以农业政策性保险为主的西藏自治区农牧业保险救助体系。一是提高财政承担保费的比例（90%～95%），引导农业政策性保险及涉农商业保险等正常开展业务，帮助农牧民不断提高灾后恢复生产和自救发展能力，在救济保障优先和遵循市场发展规律的原则下，正确发挥财政资金的作用；二是出台相关财税政策，吸引和引导区外一些商业保险公司代办点、专业性农业保险公司、政策性农业保险公司、外资或合资保险公司等在西藏自治区农牧区的发展，积极发挥它们对促进西藏自治区农牧业发展和农牧民持续增收的综合保障作用。

6.2.4.2 加大农牧民救助保障力度

按照公平理论和收入分配理论，目前西藏自治区应继续做好农牧区贫困农牧民的生产和生活救助保障工作。第一，对于贫困且无自救能力的农牧民实施基本生活保障补助，同时在救助方式上由分配式逐渐转向扶持式，提高其自身生存能力；第二，对各项财政补助资金进行整合，实施科学配置，最大限度地发挥财政资金的作用；第三，提供财政担保和扶持措施等，在农牧民之间宣扬互助帮扶的精神，形成自救和自我发展的综合效用；第四，在财政资金的支持下做好敬老院、五保村等福利机构的建设，使其能够正常运转；第五，出台相关扶持政策和优惠措施，扶持社会救助性公益组织发展。在以上方面，政府应当体现出引导作用，积极推进西藏自治区相关服务设施的建成使用。

6.2.4.3 政策路径图

西藏自治区降低农业经营风险的财政政策路径图如图 6-9 所示。

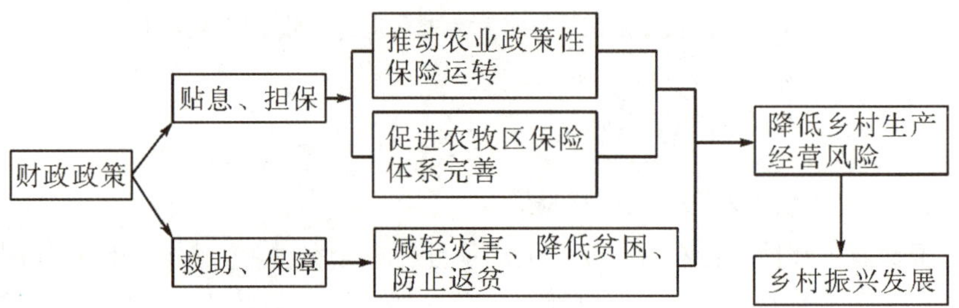

图 6-9 西藏自治区降低农业经营风险的财政政策路径图

6.2.5 提升乡村产业发展的综合效益

6.2.5.1 促进产业结构调整

西藏自治区要积极发挥财政资金调整和优化农业产业结构的作用，不断提高对当地特色资源的开发和利用能力，全面提升乡村产业发展的综合效益。一是通过适当的政策引导调整种植业内部结构，如通过对蔬菜、油料、中药材等优质经济作物实行财政补助或贴息的政策，引导农民扩大种植规模，从而提高经济效益，进一步做到稳定生产、扩大规模、改善品种等；二是遵循全区产业发展规划，依据西藏自治区各地农牧业特色资源优势，合理确定财政扶持的重点和方向，有针对性地扶持和发展一批有利于当地资源开发的产业项目，如牦牛、藏鸡、藏猪、奶牛等高原特色畜牧产业项目等；三是调整农村产业结构，积极引导和发展农村第二、三产业，因为第一产业在国民经济发展中能够解决“稳”的问题，第二产业能够解决“富”的问题，第三产业能够解决“活”等问题，要想拓宽农牧民持续增收空间并使其尽快地富裕起来，财政政策就应结合西藏自治区各地农村社会经济发展现状及资源特点，扶持和发展一批乡村产业项目，如农畜产品加工业、民族手工业、藏医药业和乡村旅游业等，以促使西藏农村第二、三产业能够尽快地活跃起来，带动和促进西藏自治区农牧民持续增收。

6.2.5.2　扶持低碳农业发展

由于过去一味追求农产品产量，农药、化肥等大量投入农业生产，农业生态环境污染和食物安全性降低等现实问题较为突出。为解决这些问题，一是政府财政可直接给予一定资金补贴，鼓励农牧民使用清洁性能源和生产绿色无公害产品。二是政府利用财政支持低碳农业项目，实施生物质气化、固化等具有突破性领头作用的示范项目，将农村大型能源项目建设与低碳农业发展、农村节能减排、新农村建设、环境保护、农村卫生改革相结合，全面推进农村无害化治理和资源化利用；积极推进农村节能生活普及，改造原有节能灶，加快节能灶的升级换代；推广应用保温、节地、隔热新型建筑材料，推广节能住宅，降低秸秆、木柴等直接用于终端消费的农业废弃物比重，稳步发展清洁的低碳能源。三是推动现代农业生态项目建设。政府应将现代农业生态项目建设及低碳农业发展纳入年度财政预算，并以项目工程等方式予以政策扶持和资金资助。乡村产业项目建设作为一项长期而艰巨的复杂工程，须得到财政资金的大力投入与扶持。四是探讨推动农业领域碳交易试点工作，政府财政应做好前期碳交易市场建设与机制引导工作。

6.2.5.3　政策路径图

西藏自治区提升乡村发展综合效益财政政策路径图如图 6-10 所示。

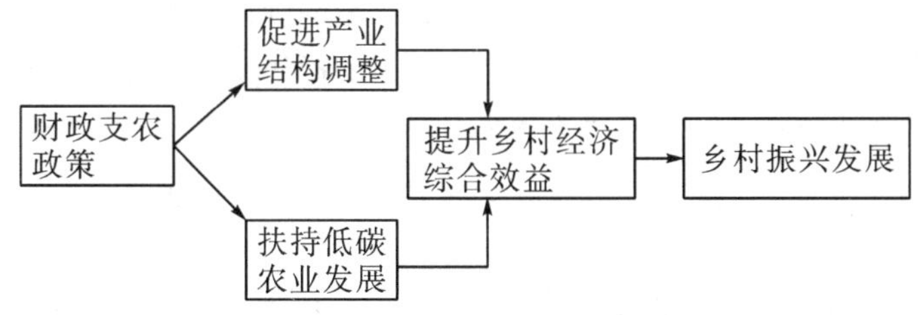

图 6-10　西藏自治区提升乡村发展综合效益财政政策路径图

6.2.6　提高乡村人才素质

乡村振兴，农牧民自身素质和技能提升必须先行。因此，我们要继续加大对农村义务教育的投资倾斜力度，不断提升农牧民的素质。目前各行各业均需要“会管理、善经营、懂技术”的高素质复合型人才，西藏自治区也是如此。在对西藏自治区拉萨、山南、日喀则等地88户农户进行调查时发现，57.1%的农户认为文化水平低、生产技能缺乏是当前农牧区落后的重要原因，32.1%的农户认为非农产业引导的缺乏是农牧区发展落后的原因，10.8%的农户认为发展观念落后是当前农牧区发展落后的原因。从此可以看出，除了在观念上解放农牧民的思想，我们还要在文化素养和技能上提升他们的知识学习能力，提升他们对新事物的接受能力。这既是机会也是挑战。鼓励农牧民学习文化知识，共享人类文明的先进成果。这一过程是缓慢的，是需要多方面共同努力的，需要一代又一代人去付出。对此，政府应该在关键时期明确自己的责任，积极发挥作用，制定相关政策，加大西藏自治区农村义务教育的支出，从基础抓起。

当前西藏自治区农牧区基层教育存在一些问题，具体表现如下：第一，教学设施落后。与其他地区相比，西藏自治区基层教育的各项硬件、软件设施及环境较为落后，现有的设备多靠外界捐助，需要财政大力扶持。第二，师资力量缺乏。西藏自治区基层教育的教师资源严重缺乏，原因在于自然环境、基础设施配备情况较差，人才引进机制不够健全，政府应适当加大对基层农牧区的教育岗位补贴，并积极帮助改善其教育工作环境，以此来吸引、鼓励人才投身于基层教育工作。第三，失学率、辍学率高。受一些较为落后的观念影响，农牧民意识不到教育的重要性，加上家庭贫困，没有资金供养孩子上学，因此，基层农牧区的孩子失学率、辍学率较高。针对这一现象，政府应当在义务教育阶段，除补贴学生的食宿、学习用品开支之外，还应给予特别困难的家庭适当的补助，弥补孩子上学期间家庭劳动力减少带来的损失，通过这些补贴鼓励农牧民支持孩子们接受教育。第四，缺乏有效的激励机制引导。农村教育激励机制的缺乏间接造成了农牧民素质较低，因此政府在加大对西藏自治区贫困家庭子女助学金补贴和奖学金补贴力度之外，将农牧民适龄子女入学与农牧民家庭享受低保等政策挂钩，鼓励并促进其子女提高自身的文化素质，为以后农牧民的可持续发展创造条件。

西藏自治区通过财政扶持教育事业及相关技能培训活动的开展，一方面，在一定程度上为西藏自治区的发展培育了新鲜血液，注入了新的生命力，有利于实现社会文明和谐和可持续发展；另一方面，能够帮助农牧民形成正确的世界观、人生观、价值观、民族观等，形成一种民族团结、热爱祖国、热爱人民的良好社会氛围，促进西藏自治区的稳定和谐发展。

西藏自治区提升乡村人才素质的财政政策路径图如图6-11所示。

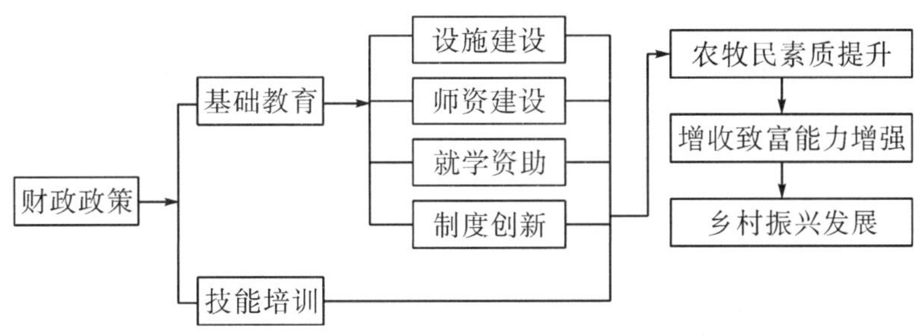

图 6-11 西藏自治区提升乡村人才素质的财政政策路径图

6.2.7 拓宽乡村发展空间

按照发展经济学理论和刘易斯二元结构理论，随着社会经济发展转型和产业结构不断优化升级，我们需要在非农产业中寻求乡村发展的新空间和新渠道。对此，我们需要加快乡村工业化、城镇化和信息化进程，以促使西藏自治区乡村非农化发展。国内外成功经验表明，非农化是转移农村剩余劳动力和促进农牧民持续增收的又一重要途径，能够推动农村城镇化进程和缩小城乡发展差距。当前，西藏自治区社会经济发展有几个明显特点：一是非农化程度在逐步提高。2011 年西藏自治区第一、二、三产业结构比例为 1∶2.82∶4.33，2017 年该比例变为 1∶4.18∶5.5。这说明第一产业份额在逐渐降低，第二、三产业份额在逐步上升，其发展结果是农牧民收入及生活水平全面提升和非农化进程加快。二是随着城镇化发展，第一产业从业人数比例在降低。1997 年西藏第一产业从业人员数占整个社会从业人员总数的 75.5%，至 2017 年该比例下降到 37.3%。这说明随着社会劳动生产率的提高，农业中单位土地所吸纳的劳动力在逐渐降低，部分富余的劳动力资源必然要转移到第二、三产业中。三是传统农业对农牧民持续增收的贡献在逐渐减弱。1997 年西藏自治区农牧民农业收入占总收入的比重是 53.69%，2017 年该比重已下降至 13.4%。这说明非农产业对农牧民持续增收的贡献愈来愈大。另外，课题组通过对西藏自治区拉萨、山南、日喀则等地 88 户农户进行调查，78.6%认为加快城镇化建设能够有效推进西藏自治区农牧区社会经济发展，并能有效带动当地农牧民持续增收。随着西藏自治区产业结构进一步调整与优化升级，农牧民持续增收领域由农业向非农产业转变。我们可以得出的结论是：非农化是新时期促进西藏自治区乡村振兴发展的另一重要途径。

结合西藏自治区社会经济发展现状和国家宏观调控政策导向，为实现农村富余劳动力的有效利用和加快农村工业化、城镇化、信息化进程，实现乡村振兴，政府在进行财政支农政策设计时要积极引导农村剩余劳动力的转化，大力发展非农产业、乡镇企业、非公有制经济组织。

6.2.6.1 大力扶持乡镇企业发展

目前，在西藏自治区社会基础薄弱和乡镇企业发展落后的情况下，财政政策的设计需要着力于基础设施建设和环境改善，同时在企业筹资及税收方面制定相关优惠政策，以促进乡村剩余劳动力的转化，推动农村工业化、城镇化和信息化发展。课题组在调查中发现，有超过一半的人认为多种形式的经济的发展可以活跃当地市场，满足生活所需，并支持农村工业、服务业的发展。目前，数量少、基础弱、效益低、设施落后等是西藏自治区乡镇企业发展的主要问题。这些问题的存在使得这些乡镇企业不能够完全消化农村剩余劳动力。在这种现状下，财政政策设计应当根据当地特色，充分利用当地资源，以促进经济发展进而实现农牧民增收为主要目的，在基础设施建设、资金项目审批、投融资服务、税费减免和产业发展引导等多方面加大扶持力度。西藏自治区应加大对乡镇企业发展的扶持力度，让西藏自治区农牧区真正走“农业稳生产—工业增收入—三产活经济”的路子，不断拓宽乡村经济发展的空间和途径。

6.2.6.2 推进城乡一体化发展

要建设社会主义新农村，西藏自治区就要做好相关配套服务工作，积极整合各类财政资金。首先，通过财政直接投资基础设施建设，包括交通、水利、邮电、通信、教育、卫生、文化、金融及公共服务等建设，从而提升西藏自治区农牧区城镇化、现代化和文明化程度；其次，为保障农牧民收入、生活水平及社会福利，达到与城镇同等水平，就要通过财政建立西藏自治区基层农牧区与城市居民一体化发展的城乡社会救助和保障服务体系，并能够结合现行农村救济、救助服务等有关政策，形成一个综合的、覆盖面广的保障体系。

6.2.6.3 扶持非公有制经济发展

西藏自治区非公有制经济在改革开放以来有了长足发展，据统计，2017年西藏自治区非公有制经济组织已达到22.61万户，注册资金为6 842.16万元，对全区生产总值的贡献超过45%，成为推动西藏自治区社会经济发展的重要力量。近年来，科技型非公经济组织发展势头迅猛，为全区经济的持续增长和社会进步提供了充足动力，在各个方面都发挥了积极的作用，具体表现在吸纳农村富余劳动力、拓宽农牧民增收渠道、活跃市场经济等方面。在调查中发现，有超过70%的农户非常支持非公有制经济的发展，并表示非公有制经济的蓬勃发展能够为农牧民持续增收带来机遇。但西藏自治区目前的非公有制经济还面临着融资困难、发展不稳、核心竞争力弱及抵抗风险能力差等多种问题，阻碍了非公有制经济的快速发展。因此，政府在设计财政政策时要考虑对非公有制经济的扶持，在税收及融资方面给予其一定的帮助，譬如降低税率、设立西藏自治区非公有制经济发展扶持基金、建立财政信用担保机制等，帮助和促进西藏自治区非公有制经济组织茁壮、健康成长与发展，以进一步带动西藏自治区乡村振兴发展。

总之，当各种战略机遇和发展机会与挑战并存时，西藏自治区应因地制宜、科学合理设计并灵活应用各项财政支农政策，以充分发挥其政策效应的综合性与长效性。

6.2.6.4 政策路径图

西藏自治区拓宽乡村发展空间的财政政策路径图如图 6-12 所示。

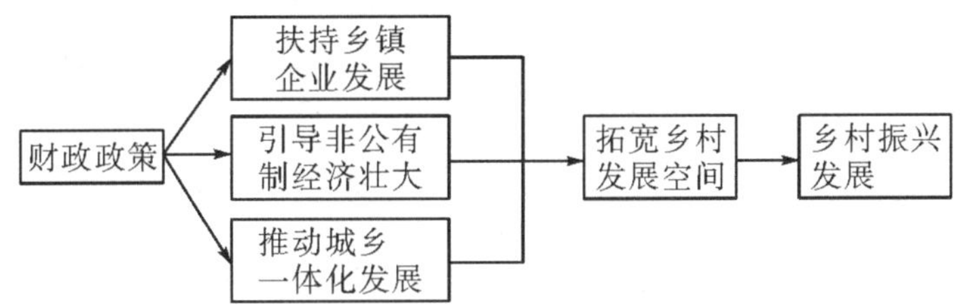

图 6-12 拓宽乡村发展空间的财政政策路径图

6.3 保障措施与管理办法

6.3.1 加强财政监管，完善效益评价分析机制

在合理设置财政策略的前提下，西藏自治区要继续强化针对每项财政型资本的全面管理与有效监督，才能更充分地发挥政策效应与资金效益。

（1）建立财政资金专户管理机制。为避免各级政府及有关部门拆借挪用财政支农专项资金，西藏自治区应建立各级财政扶持资金专户管理机制，实行专人负责、专账管理。西藏自治区每年可根据本级财政收入的入库进度，按比例提取，同时立刻转化到扶农型财政账户中，确保扶农资金按时到账；同时使拨款和付款的流程更加详细，注重账户上下游相接，实施同一时间的转账与付款，提防实施行为中的误差或停滞，以确保扶农资本按时按量足效发挥效用；针对每项实施行为的运作，财务账簿需完全记载和展现，确保外部的监控权限。

（2）建立和完善大额资本投入实施报账处理系统。大额资本投入主要为500万元以上。国家级别的重要大额流水投资，一般具有投资期长、央行全额投入、完全参与项目管控等特点。报账处理系统是针对每个资本投资部分，每个部分拥有独立资本户，方便独立监控资本的投入和投出运作流程。每个部分的核销及批准都由统一资本管理部门直接管控与实时按环节支付。西藏自治区要严格落实合法合规支付原则，出现资本使用不实或偏用情况，立即停止支付补贴；实施高要求、严水准的资本使用核批原则，有效减少资本乱用及违规虚用等情况的产生。

（3）强化资本财务核算工作。资本财务核算属于财会的主要职责。由此，扶农资本的核算原则主要为在整体分类核算的基础上，继续细分核算，主要有两方面功能效用。一是能够完全显示每笔资本的运作流程、进出细节及某项环节的细节记录与呈现。二是为评估收益和发展水平提供更为扎实的凭据，能够防止资本的失用并确保获得较高的收益。

（4）增强财政性资本审核力度。资本审核在乡村振兴的方方面面均有体现，是一项监控工作，主要对项目资本运作前、中、后期进行审核。其中更重要的是事前审核，就是在运作与操作前强化审计工作，评估沉没成本，确保运作资本的过程完全可控，处于主动的局面。目前，我国资本付出操作系统机制除了能够履行监督管理职能，也能够促使资本合法配置，使配置得到优化。

（5）优化财政收益评价机制。财政收益评价机制的优化主要是资本运作的后期回馈，分类别来说，有通用与专用两类体制：第一种主要呈现资本的收益高低与范围大小等通用指标的表现，第二种为农村产业、农村科技、灾害应急机制等的反馈与表现。设立评价机制的主要目的是评估运作决策，主要内容包括经济评价、社会评价和环境评价等。

6.3.2 规范制度管理，建立增收长效机制

制度需要大家共同遵守，从而形成既定的法令、规则。其效用集中表现为：确定社会财富分配方式、建立资源缺乏时的保障体制、建立减少交易成本的体制。

（1）改革农村土地制度。一是推进西藏自治区农牧区土地流转制度改革，建立开放、竞争、公平、有序的土地使用权交易制度。西藏自治区应在《中华人民共和国土地管理法》的基础上，出台有利于西藏自治区农牧区土地依法、科学、合理流转的相关政策与保障制度，并建立健全土地交易市场和信息交流平台，不断加强规范管理与科学引导，以发挥西藏自治区土地资源的最大

效用。二是组建土地借贷机构，确保区内农业地域发挥证券效能。西藏自治区可以借鉴国内外相关案例，对首次承办或确认的土地使用权发放证券化证明，确保在承包期限内可以在我国的法律保护下正常进行合理运营，依据“不认人认地、证地统一”的大前提，结合拥有者的义务与权利随着证券交易进行合理流动；同时，证券持有者可以进行农业生产经营或是抵押入股，国家只是对其权属变更和用途进行严格登记和监督，做到土地、资金、技术、劳动力、信息等要素资源在西藏农牧区进行合理流动与科学配置，以不断激活西藏自治区乡村生产要素市场。

（2）改革农村户籍制度。目前，我国正处于城乡经济结构战略性调整的关键时期。长期以来城乡分割体制和户籍制度差别等导致当今西藏自治区乡村发展空间狭小，一方面限制了一些有技能、高素质的农牧民离乡进城务工和谋求发展，不能及时为农村经济发展输入新的活力与动力；另一方面也不能为乡村社会经济可持续发展积累智力财富。最终结果是众多农牧民处在发展滞后的乡村，产生挫败感。这种感觉容易滋生不安全感，影响区内的长久发展。因此户籍差异化制度应早日予以取消，以保障居民公平的待遇条件与开发条件，促进经济稳定发展。

（3）乡村经济制度变革。西藏自治区城市、农村的资源配置不合理。解决办法如下：一是降低乡村外部市场的进入门槛，建设多元开发机构体系。政府要激励社会各界资本金注入助农扶农项目，鼓励金融组织在区内落地安家，为区内经济发展提供活力与资源。二是加大小额信贷投放农村、农户的力度，适量拓展区内乡村小额信贷的占比和应用区域，为支农扶农事业注入大量灵活资金。三是优化乡村抵押贷款规则。为减少区内的不良信贷，政府可以鼓励农户连续投保质押，能够高效率地振兴农村，发展提供提升农户收益水平。

6.3.3 规范政府行为，发挥政府宏观调控作用

西藏自治区农牧区外部市场机制还未健全，保障体系亦是如此，生产中的资源虚用及方向不精准等问题阻碍了农户收益的增长。因此，政府的指引行动能够有效缓解虚用与方向不精准等问题。

（1）强化部门管控效能。西藏自治区农村开发必需元素与条件尚未形成科学配比。目前，西藏自治区依旧存在部门保护主义倾向等错误观念，是科学分配各要素并进行有效循环的一大障碍，造成资源缺乏、交易费用高等问题，阻碍了区内农牧民收益的稳定增长。因此西藏自治区急需破旧立新，强化政府的大局管控能力，合理配置农业生产资源、产成品价值、技术配置及其余元

素；同时依照规则，保证农业生产过程中各要素的均衡配比，使得经济平稳运行和产成品价值稳定。

（2）发挥引导示范作用。市场经济存在盲目性、滞后性及浪费等弊端，为避免这些弊端的出现，政府的宏观调控必不可少。政府在发挥调控作用时，需要充分考虑政策的针对性、灵活性和前瞻性。政府在改变过去那种强硬的行政命令式做法的同时，要在充分尊重农牧民生产经营自主权的基础上，更好地发挥政府引导、示范推动和服务协调等职能；同时，注重培养与扶持新时期西藏自治区乡村致富带头人和科技示范户，以发挥其积极的辐射带动功能，实现西藏自治区乡村振兴和全面发展。

（3）推行科学决策机制。在政策的制定过程中，相关利益者的意见尤为重要。若没有群众的参与，政策的制定和实施就会缺乏可行性与可操作性，难以达成共识并被广大农牧民群众接受，政策执行就会出现困难。从根本上来说，政策的制定是多方利益者协商的产物。推行科学决策机制，一方面是想避免政府过多地进行行政干预，使政府决策部门做到“有所为”和“有所不为”；另一方面是为了适当发挥政府的协调作用与服务功能，形成一个科学、规范的利益决策机制。广大农牧民群众作为乡村振兴的主体，能够自觉参与财政政策的制定与实施，以提高政策的适应性和实效性等。

7　研究结论与展望

本书以财政政策理论为基础，分析了西藏自治区乡村振兴发展的战略意义与现实背景，就西藏自治区乡村发展现状及财政政策效应，通过建立数据模型进行实证分析和论证，在比较和借鉴国内外有关财政政策经验的基础上，结合西藏自治区实际区情，全面、系统地提出了西藏自治区乡村振兴发展的财政政策及对策建议。本书的结论是在西藏自治区现实脆弱的生态环境和落后的农牧业生产方式下，在保证当地生态资源安全和促进社会经济发展的基础上，设计能够与西藏自治区乡村振兴发展相适应的财政政策，并最终摆脱“输血型”财政模式，建立促进西藏自治区乡村经济可持续发展的“输血型+造血型”经济职能。

第一，财政政策的经济学分析表明，财政政策与乡村经济发展之间存在密切的联系。科学合理的财政支农政策作为发动器，具有很好的协调导向作用，能够使财政乘数效应有效发挥，在促进西藏自治区乡村经济产业发展的基础上，实现全面建成小康社会的目标。

第二，改革开放以来，西藏自治区乡村产业有了长足发展。从农业经济发展现状来看，西藏自治区产业总量增速较快，农畜产品总量供需基本平衡，特色经济作物发展良好，农业商品化率逐步提升，农业现代化进程加快，农业内部结构得到优化，农村合作经济组织不断壮大等。但是西藏自治区乡村产业发展受生态环境、技术手段、产业基础、管理机制、生产方式等制约。这表明西藏自治区在促进乡村经济发展等方面还存在基础薄弱、财政投入不足、扶持力度不强和方法措施不灵活等现实问题。

第三，从现行西藏自治区财政政策的角度分析，当前西藏自治区财政政策对促进乡村经济发展等具有一定的成效，但随着社会经济快速发展，西藏自治区发展面临新的机遇与环境挑战，现行财政政策在推动乡村经济可持续发展等方面尚存在政策实施不灵活、政策体系不健全、政策重点不突出、政策保障力不足和长效机制缺乏等问题，不能有效适应当今社会经济的发展，制约了全面建成小康社会目标的实现。因此，科学合理的财政政策对西藏自治区乡村经济的发展具有十分重要的意义。

第四，考察国内外先进财政政策经验，政府的财政扶持目标在不断演变，财政支持力度在一直加大。这些经验为西藏自治区财政政策的设计提供了诸多启示，可以总结为：西藏自治区充分保证生态资源安全，在地方政府财力力所能及前提下，加大对乡村的财政扶持力度，使财政支出结构不断得到优化，使财政支持方式不断得到创新，使财政政策效益不断得到提升，最终建立能够促进西藏自治区乡村经济持续稳定发展的长效机制。

第五，基于上述理论研究和实证分析，在相关财政政策理论的指导下，西藏自治区乡村振兴发展的财政政策应从以下方面进行设计：一是奠定良好的乡村发展基础，重视乡村农牧业基础设施建设，加强农业扶贫开发的力度；二是提升乡村产业发展潜力，主要通过“科技兴农”工程提升农业发展潜力和增强农业综合效益，并推动一些高科技农业及高原绿色生态项目的发展，创造乡村产业发展的良好前景，挖掘其巨大的潜力；三是营造良好的乡村发展环境，保护乡村生态环境，注重生态功能区的保护及建立补偿机制等，旨在为乡村发展提供环境保障；四是降低乡村经营风险，通过财政政策引导，使得广大农牧区的农业政策性保险体系得到不断完善，同时使乡村产业经营救助保障力度不断增强并致力于不断降低农业弱质性；五是提高乡村发展的综合效益，促进乡村产业结构调整，扶持低碳农业发展；六是提升乡村人才素质，主要是加大对农村义务教育的倾斜力度，加强农村实用技术培训，不断提升农牧民的素质基础；七是拓宽乡村发展空间，包括大力发展乡镇企业，推进城乡一体化发展，扶持非公有制经济发展等；八是提出相关保障措施与管理办法，加强财政资金监管，规范制度管理，强化宏观调控等，建立有利于促进西藏自治区乡村振兴发展的财政政策体系。

本书的创新之处在于：第一，立足西藏自治区现实生态资源安全和社会经济发展状况，采用规范分析和实证分析相结合法、系统分析法及比较分析法等，对相关的财政政策和西藏自治区乡村振兴发展之间的效应关系进行了全面系统深入的研究分析，研究的视角较为独特，研究内容也具有一定的创新性；第二，结合国家相关产业政策，根据西藏自治区乡村振兴发展的地域特色，有针对性地为其设计科学合理的财政政策体系，对研究和解决当前西藏自治区“三农”问题具有一定价值。

本书的研究不足在于：西藏自治区地域面积广大，乡村经济基础薄弱，较难进行实地调查，有关统计数据资料保管不完整，不能及时、有效、全面地反映当前西藏自治区乡村社会经济发展现状，一定程度上限制了本书的深入研究。下一步，笔者将结合国家促进农村社会经济发展的战略部署，进一步深入探讨西藏自治区城镇化、工业化和信息化进程及社会主义新农村建设等方面的有关问题，为全面促进乡村振兴战略发展和构建和谐、美丽新西藏做进一步的理论研究与实证分析。

参考文献

[1] 阿耶·希尔曼. 公共财政与公共政策：政府的责任与局限 [M]. 北京：中国社会科学出版社，2006.

[2] 陈共. 财政学 [M]. 北京：中国人民大学出版社，2007.

[3] 陈艳. 发达国家政府财政支农方式比较研究 [J]. 经济研究参考，2001 (8).

[4] 陈耀邦. 积极推进农业和农村经济结构的战略性调整 [J]. 求是，2000 (20).

[5] 陈锡文. 谈结构调整方向 [J]. 农家顾问，2001 (11).

[6] 邓艾. 青藏高原草原牧区生态经济研究 [M]. 北京：民族出版社，2005.

[7] 范建刚. 我国财政支农规模优化问题研究 [M]. 北京：中国社会科学出版社，2009.

[8] 樊纲. 市场均衡与经济效益 [M]. 上海：上海人民出版社，2004.

[9] 龚六唐. 公共财政理论 [M]. 北京：北京大学出版社，2009.

[10] 郭正模. 劳动力市场经济学原理与分析 [M]. 成都：四川人民出版社，2001.

[11] 郭书田. 农村土地集体所有的法律问题 [J]. 农村合作经济经营管理，1999 (5).

[12] 国家统计局，中国统计年鉴2010 [M]. 北京：中国统计出版社，2010.

[13] 何忠伟. 中国农业补贴政策效果与体系研究 [M]. 北京：中国农业出版社，2006.

[14] 郝爱民. 制度变迁对中国农户经营行为影响研究 [M]. 北京：知识产权出版社，2009.

[15] 胡鞍钢. 影响决策的国情报告 [M]. 北京：清华大学出版社，2002.

[16] 黄季焜，BEMARD H SONNTAG，SEOTT ROZELLE，等. 二十一世纪的中国农业与农村发展 [M]. 北京：中国农业出版社，2006.

［17］姜长云. 城镇化与三农问题［J］. 农业经济问题，2003（2）.

［18］匡远配. 中国财政支农资金整合问题研究［M］. 北京：中国经济出版社，2010.

［19］李树，陈刚. 国外财政支农的经验与启示［J］. 环球经济，2009（2）.

［20］李焕彰，钱忠好. 财政支农政策与中国农业增长：因果与结构分析［J］. 中国农村经济，2004（8）.

［21］李树培，魏下海. 改革开放以来我国财政支农政策的演变与效率研究［J］. 经济评论，2009（4）.

［22］李京文，等. 生产率与中美日经济增长研究［M］. 北京：中国社会科学出版社，1993.

［23］李放，朱靖娟. 试论我国财政支农支出口径的调整［J］. 南京农业大学学报（社会科学版），2007（9）.

［24］李泽民，张克庆. 创新财政支农体系研究［M］. 成都：四川人民出版社，2009.

［25］李芙蓉. 增加农民收入，扩大农村消费需求：美国的经验及我国的现实选择［J］. 特区经济，2011（5）.

［26］林毅夫. 中国经济［M］. 北京：中国财经出版社，2003.

［27］陆学艺. 社会结构变迁［M］. 北京：中国财政经济出版社，2000.

［28］马海涛. 财政转移支付制度［M］. 北京：中国财政经济出版社，2004.

［29］彭克强，陈驰波. 财政支农与金融支农整合论［J］. 中州学刊，2008（1）.

［30］钱克明. 农业经济与科技发展研究［M］. 北京：中国农业出版社，2003.

［31］人民出版社. 中共中央国务院关于“三农”工作的十个一号文件［M］. 北京：人民出版社，2008.

［32］孙自保，等. 西藏农业生态系统结构的灰色关联分析［J］. 农业系统科学与综合研究，2006（4）.

［33］谭崇台. 发展经济学［M］. 武汉：武汉大学出版社，2001.

［34］唐朱昌. 新编公共财政学：理论与实践［M］. 上海：复旦大学出版社，2004.

［35］甘行琼. 西方财政理论变迁研究［M］. 北京：中国财政经济出版社，2000.

[36] 王建军，李腊云. 新农村建设的财政金融支持政策研究 [J]. 财经理论与实践，2006 (27).

[37] 魏礼群. 中国经济体制改革 30 年回顾与展望 [M]. 北京：人民出版社，2008.

[38] 卫珑. 学术界有关公共财政理论研究的观点综述 [J]. 经济研究参考，2002 (39).

[39] 温军. 民族与发展：新的现代化追赶战略 [M]. 北京：清华大学出版社，2004.

[40] 徐祥临. 三农问题论剑 [M]. 海口：海南出版社，2002.

[41] 叶兴庆. 论我国农村金融抑制与金融深化 [J]. 中国农村经济，2004 (1).

[48] 刘春. 东北地区乡村产业发展研究 [D]. 长春：吉林大学，2014.

[49] 积极的财政政策如何加力提效 [J]. 中国总会计师，2019 (1).

[50] 闫坤，张鹏. 构建推进质量强国战略的财政政策体系 [J]. 宏观质量研究，2019 (1).

[51] 井华，陈醒. 让积极财政政策发挥更加积极作用 [J]. 国际融资，2019 (4).

[52] 王富军. 农村公共文化服务体系建设研究 [D]. 福州：福建师范大学，2012.

[53] 安世绿. 提升农村公共文化服务效率的制度设计 [D]. 北京：中国社会科学院研究生院，2010.

[54] 王琳瑛. 乡村文化空间形塑及其发展政策义涵 [D]. 北京：中国农业大学，2019.

[55] 张建军. 寻路乡土：梁漱溟、晏阳初乡村建设理论与实践比较研究 [D]. 杭州：浙江大学，2019.

[56] 周耕. 当代中国农村结构性贫困问题研究 [D]. 长春：吉林大学，2018.

[57] 刘天琦. 我国农村财政扶贫资金投入与运行机制的优化问题研究 [D]. 北京：首都经济贸易大学，2018.